Marlene Peters

Die Vier-Wochen-Ananas-Kur

Genussvoll abnehmen, entschlacken und entgiften

Weltbild

Marlene Peters

Die Vier-Wochen Ananas-Kur

Genussvoll abnehmen, entschlacken und entgiften

Weltbild

Inhalt

Nur die reife, frische Frucht besitzt den vollen Gehalt an wertvollen Enzymen und Vitalstoffen.

Es lohnt sich, unsere tägliche Nahrung etwas unter die Lupe zu nehmen.

Mit neuen Rezepten beleben Sie auch Ihren Speiseplan.

Die Ananas-Kur wird mit einem Bewegungs- und Entspannungsprogramm abgerundet.

Vorwort

Die Ananas unterstützt die Eiweiß- und Fettverdauung.

Exotische Früchte wie die Ananas sind heutzutage kein Luxus mehr. Die Ananas bringt uns nicht nur den Geschmack der weiten Welt auf den Tisch, sondern enthält auch wertvolle Stoffe, die in unseren einheimischen Früchten nicht oder nur in geringem Maße enthalten sind. Nur die wenigsten wissen, welche gesundheitsfördernden Eigenschaften diese Frucht in sich birgt. Frische Ananas ist darüber hinaus ideal bei einer Reduktionsdiät. Sie enthält ein Enzym, das hilft, Fett abzubauen. Ihr reicher Gehalt an Vitalstoffen und dem wertvollen Enzym Bromelain unterstützt die Eiweiß- und Fettverdauung, wirkt entschlackend und reinigend. Das bringt den Stoffwechsel so richtig auf Trab und hilft dem Körper beim Entwässern. In der Medizin hat Bromelain inzwischen eine große Bedeutung bei der Behandlung vieler Erkrankungen. Es gibt also eine Menge guter Gründe, die exotische Südfrucht nicht nur zu essen, weil sie gut schmeckt. Egal ob Sie (einige) Pfunde verlieren oder ganz einfach nur entschlacken möchten, diese Ananas-Diät-Kur ist für Sie richtig.

Eine Kur ohne großen Aufwand

Ananas enthält wenig Kalorien, aber viele Vitamine und Mineralien und ist ideal zum Abnehmen.

Haben Sie Probleme mit Ihrer Figur? Fühlen Sie sich energielos, sind Sie gelegentlich unzufrieden? Sie können etwas dagegen tun: Essen Sie richtig und das Richtige, machen Sie die Vier-Wochen-Ananas-Kur, und sorgen Sie zusätzlich für ausreichend Bewegung.

Bei der Auswahl der Rezepte wurde viel Wert auf möglichst einfache, aber sehr schmackhafte Gerichte gelegt. Auch wer in den Kochkünsten ungeübt ist, wird keine Schwierigkeiten bei der Zubereitung haben. Gerade für Berufstätige ist diese Kur hervorragend geeignet, da sie keinen großen zeitlichen Aufwand

erfordert. Dazu stehen viele Gerichte zur Verfügung, die sich schnell und unkompliziert in den Tagesablauf integrieren lassen, die aber auch Körper und Seele aufbauen.
Die Rezepte in diesem Buch werden nach dem Baukasten-Prinzip angeboten: Das gibt Ihnen die Freiheit, sich entweder jeden Tag individuell Ihr Essen aus den Bereichen Frühstück, Mittagessen, Abendessen und den zwei Extra-Mahlzeiten nach Ihren eigenen Wünschen zusammenzustellen oder sich einfach an unseren Wochenplänen zu orientieren.
Denken Sie aber daran: Es ist besser, sich nicht zu sehr zum Sklaven von Plänen zu machen, denn zu strenge Vorgaben hält niemand lange ein!

Eine sanfte Kur

Ziel ist keine blitzschnelle Gewichtsabnahme, sondern eine dauerhafte Regulierung des Stoffwechsels und der Essgewohnheiten. Die Kur wird Ihnen helfen, wieder ein natürliches Hunger- und Sättigungsgefühl zu erlangen.
Diäten sind in der letzten Zeit – zum Teil zu Recht – in Verruf geraten. Oft zehren sie an den Grundreserven des Körpers, sie entziehen ihm wichtige Vitalstoffe, kurz: Sie erzeugen Stress. Die Vier-Wochen-Ananas-Kur ist dagegen ohne Stress durchführbar und dennoch sehr effektiv. Die Mahlzeiten werden Ihnen (trotz Diät) mit Sicherheit sehr gut schmecken. Die Auswahl der Rezepte, auch für die Zeit nach der Vier-Wochen-Ananas-Kur, ist nach den Richtlinien der vollwertigen Ernährung erfolgt. Zusätzlich erhalten Sie jede Menge wertvoller Tipps und Infos für und über Ihre Gesundheit.

Eine langfristige Umstellung der Ernährung ist wesentlich wirksamer als eine Blitzdiät.

Probieren Sie die Ananas-Kur. Sie werden überrascht sein, wie gut Ihnen die Kur bekommt und wie leicht Abnehmen sein kann! Und falls Sie danach noch immer ein paar Pfunde zuviel auf die Waage bringen: Das Wichtigste ist, dass Sie sich selbst mögen und annehmen. Wenn es Ihnen gelingt, dieses Gefühl auch nach außen zu signalisieren, besitzen Sie wahrscheinlich mehr Ausstrahlung als jedes superschlanke Model.

Die Ananas – eine königliche Speise

Die Ananas ist mehr als nur ein Nahrungsmittel. In der langen Geschichte ihres Anbaus diente sie den verschiedensten Kulturen oft vorrangig als Heilmittel gegen Erkrankungen. Aus den Fasern der Frucht kann sogar Papier hergestellt werden. Lesen Sie in diesem Kapitel die Geschichte der Anwendung dieser Frucht nach, erfahren Sie, wie Sie einen Blick für Qualität bekommen und wie Sie die Ananas richtig lagern und verarbeiten.

Schon die Inkas machten sich die Heilwirkung der Ananas zu Nutze.

Die Entdeckung der Ananas

Es war Christoph Kolumbus (1451–1506), der die süße Frucht im Jahre 1493 auf der Antilleninsel Guadeloupe entdeckte und in seinen Aufzeichnungen beschrieb. Das Wort »Ananas« leitet sich aus dem Indianischen ab, denn die Eingeborenen bezeichneten die Frucht als »nana«, was soviel bedeutete wie »die Köstliche«. Die Spanier nannten die Ananas hingegen wegen ihrer Ähnlichkeit mit einem Pinienzapfen »piña«. Daraus entstand später das englische »pineapple«.

Ananas ist inzwischen bei uns das ganze Jahr über in Supermärkten und Obstgeschäften erhältlich.

Die Legende berichtet, dass die Ananas aus Amazonien in die Karibik gebracht wurde. Tatsächlich wurde diese Theorie wissenschaftlich untermauert: Archäologen fanden in Inka-Grabstätten in Brasilien konservierte Ananasfrüchte.

Schon damals sagte man der Ananas nach, dass sie gegen viele Krankheiten helfe. Abenteurer, die bei den Eingeborenen lebten, beobachteten, dass die Indianer die Ananas benutzten, um entzündete Wunden und andere Hautverletzungen zu behandeln. Die Eingeborenen tranken den Saft der Ananas auch gegen Magenschmerzen und zur Unterstützung der Verdauung.

Der Siegeszug der Ananas nach Europa

Von Süd- und Mittelamerika setzte sich der Siegeszug der Ananas in andere Kontinente fort. Jedes Land baute die Ananas auf andere Art und unabhängig voneinander an, weshalb sich eine große Sortenvielfalt entwickelte. 1514 kam die erste Ananas nach Spanien. Bei den Seefahrern gehörte sie bald zum ständigen Proviant, vor allem seitdem bekannt war, dass ihr Genuss Skorbut (Vitamin-C-Mangelkrankheit) verhindern konnte.
Zunächst blieb die »königliche Speise« in Europa eine Rarität und war dem reichen Adel und der Oberschicht vorbehalten. Um 1800 begannen die Engländer, die Ananas auf Plantagen anzubauen. Es war James Dole, der zu Beginn unseres Jahrhunderts (1901) begann, in großem Stil und mit viel Erfolg die Konservierung von Ananas zu betreiben: Die Dole Company wurde zu einem der weltweit größten Vermarkter von Ananas in Dosen. Zeitweise betrug der für die Konservierung vorgesehene Anteil der Ananas sogar über 95 Prozent. Die in Dosen konservierte Frucht ist allerdings für die Vier-Wochen-Ananas-Kur und grundsätzlich für die vollwertige Ernährung nicht geeignet. Das Kurprogramm funktioniert nur mit der frischen Ananas. In Zeiten schneller Transportwege ist es mittlerweile kein Problem mehr, die edlen Tropenfrüchte frisch zu bekommen.

Ananas in Dosen hat kaum noch Vitamine und Enzyme – kaufen Sie lieber frische Früchte.

Die Ananas – mehr als nur eine exotische Frucht

Heute wird die Ananas in allen tropischen Gebieten angebaut. Wichtige Lieferanten sind die Länder Mittel- und Südamerikas und einige afrikanische Staaten. Sie stellen eine ganzjährige Versorgung in Europa sicher.
Ananasfrüchte aus Südamerika werden halbreif geerntet, sofort auf Schiffe verladen und gekühlt transportiert. Früchte aus Afrika werden dagegen häufig in vollreifem Zustand geerntet und per

Flugzeug auf schnellstem Wege zu uns gebracht. Das garantiert den unvergleichlich fruchtigen Geschmack einer afrikanischen Ananas, macht sie aber auch empfindlich teurer als die Konkurrenz aus Südamerika.

Der botanische Steckbrief der Ananas

Die Ananas gehört zu den Bromeliengewächsen, einer Familie mit über 1700 Arten, die vor allem im tropischen Regenwald beheimatet sind. Es handelt sich um bodenbewohnende Rosettenpflanzen, die eine senkrecht nach oben wachsende Sprossachse ausbilden, an der die Früchte reifen.

Die Vermehrung der Pflanze ist unkompliziert: Fruchtkrone oder Bodenschösslinge werden in den Boden gesteckt, nach etwa 18 Monaten ist die Ernte möglich.

Ein dichter Blattschopf sitzt der Ananas wie eine Krone auf. Die Frucht erreicht eine Länge von 15 bis 20 Zentimetern bei einem Durchmesser von 10 bis 15 Zentimetern. Von den vielen Ananasarten ist bei uns die Sorte »Cayenne« am bekanntesten. Eine Ananas bringt es auf ein stattliches Gewicht zwischen einem und zwei Kilo, die Baby-Ananas dagegen nur auf etwa ein halbes Kilo.

Wegen ihrer Miniaturgröße sind die Baby-Ananas besonders für Single-Haushalte geeignet.

Besonders wohlschmeckend und zart ist die Baby-Ananas. Die Minis erfreuen sich zunehmender Beliebtheit, sind jedoch im Verhältnis zu ihrem Gewicht wesentlich teurer als die normalen Ananasfrüchte.

Eine kleine Warenkunde

Je nach Herkunft haben die Schalen der Früchte eine grüne, gelbliche oder rötliche Farbe. Viele Sorten haben gemischte Farben von Grün bis zu Gelb in allen Nuancen. Die Farbe der Schale sagt übrigens nichts über den Reifegrad aus: Eine Ananas mit teilweise grüner Schale kann durchaus aromatischer sein als eine gelbe Frucht. Ein intensiver und doch feiner Duft spricht für die richtige Reife und das gute Aroma. Hat die Schale sehr viele Schuppen, ist das ein Hinweis auf eine besonders aromatische Frucht. Bei der richtigen Reife gibt die Schale auf Fingerdruck leicht nach.

Kauf und Zubereitung

Nur als reife und frische Frucht entfaltet die Ananas ihr volles Aroma und liefert wertvolle Enzyme und Vitalstoffe. In der Konserve bleibt davon nur noch der süße Geschmack zurück. Verwenden Sie daher bei allen Rezepten ausschließlich die frische Ananasfrucht.

Die Einsatzmöglichkeiten der Ananas in der Küche sind äußerst vielfältig. Für Cremes mit Gelatine ist sie allerdings ungeeignet: Das eiweißspaltende Enzym Bromelain verhindert das Stocken der Speisen. Verwenden Sie statt Gelatine (die aus tierischen Knochen hergestellt wird) besser das pflanzliche Agar-Agar (aus dem Naturkostladen), das aus Algen gewonnen wird. Das Enzym Bromelain wird ab einer Temperatur von 40 Grad inaktiviert. Deshalb kann gekochte oder konservierte Ananas problemlos mit Milchprodukten verarbeitet werden.

Die Ananas kann man auf verschiedene Arten zerteilen:

- Ananas im Ganzen schälen: Die Schale in breiten Streifen abschneiden, dabei die »Augen« möglichst mit entfernen.

Tipp: Am besten schneidet man die Augen, der spiralförmigen Anordnung folgend, mit einem scharfen Messer heraus.

- Ananasscheiben: Am oberen Ende den grünen Blattschopf und unten die Kappe mit dem Stielansatz abschneiden. Frucht in Scheiben schneiden, den holzigen Mittelstrunk herausstechen und die Schale abschneiden. Zum Schluss löst man die verbliebenen »Augen« mit einem spitzen Messer vorsichtig heraus.

Tipp: Lassen sich die inneren Blättchen aus dem grünen Schopf mühelos herauszupfen, ist die Ananas reif.

Edler Stoff und Papier aus Ananashanf

Nicht nur die Frucht der Ananas findet Verwendung, auch die übrigen Teile werden genutzt. Aus den Fasern der Ananasblätter (Ananashanf) stellten schon die Indianer allerlei nützliche Gegenstände wie Seile, Netze und Hängematten her. Besonders feine Fasern der Ananas dienen noch heute der Produktion eines edlen Wäschestoffes, des Ananasbatists. Sogar hochwertiges Papier wird aus den Blattfasern gewonnen.

Tipp: Mit Hilfe eines Apfelausstechers lässt sich der harte Strunk aus den Ananasscheiben leicht herausschneiden.

Tipp: Bei der Zubereitung mit Milchprodukten erzeugt das Bromelain nach einiger Zeit einen bitteren Geschmack. Deshalb Gerichte mit Milch und Ananas nicht stehen lassen, sondern direkt verzehren.

- Ananas-Schiffchen: Die Ananas samt grünem Schopf der Länge nach vierteln, den Strunk entfernen, das Fruchtfleisch von der Schale lösen, aber auf der Schale belassen und quer in Scheiben schneiden. Die Fruchtfleischscheiben versetzt auseinanderziehen. Sieht sehr dekorativ aus!
- Frischer Ananassaft: Ananas schälen (außer bei Bio-Ananas), in Stücke schneiden und in den Entsafter geben.

Im Handel wird ein patentierter Ananas-Schneider angeboten, mit dem man die Frucht sehr einfach und ohne Verlust von Fleisch und Saft spiralförmig in schmale Scheiben schneiden kann. Die Schale bleibt dabei als Ganzes erhalten und lässt sich als dekorative Obstschale z. B. für frischen Fruchtsalat verwenden.

■ Lagerung und Aufbewahrung der Ananas

Die Ananas ist druck- und temperaturempfindlich. Bewahren Sie die noch nicht angeschnittene Ananas nicht im Kühlschrank auf, sondern an einem dunklen und kühlen Ort, z. B. im Keller. Durch zu große Kälte bilden sich hässliche braune Flecken im Fruchtfleisch. Die ideale Lagertemperatur für unreife Früchte liegt bei acht bis zehn Grad. Angeschnittene Ananasfrüchte sollten Sie höchstens noch ein bis zwei Tage im Kühlschrank aufbewahren und dazu die Schnittfläche mit Frischhaltefolie abdecken.

Tipp: Hängen Sie die Ananas zum Nachreifen am Schopf auf, oder bewahren Sie sie auf einer weichen Unterlage auf. Das verhindert Druckstellen.

Die Ananas in der Volksmedizin

Schon in der Bibel (Altes Testament, 2. Buch der Könige, 20. Kapitel, Vers 7) finden sich erste Hinweise auf die Verwendung von Enzymen in der Volksheilkunde; dort ist beschrieben, wie das Auflegen von enzymreichen Früchten auf offene Wunden zu einem schnelleren Abheilen führt.

In einem deutschen Buch, der Reisebeschreibung »Reise nach

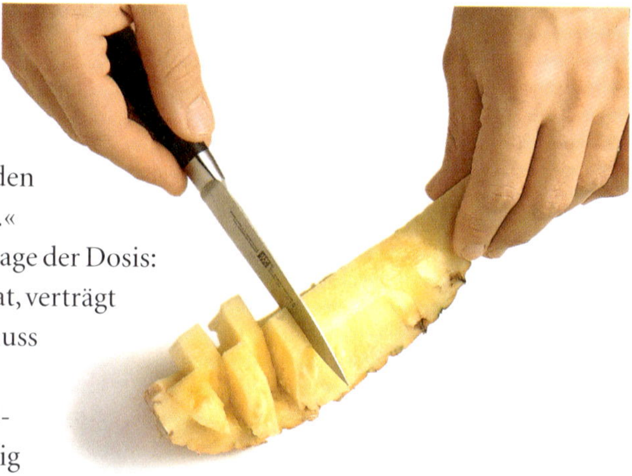

Guinea …« von Willem Bosman von 1708, können wir über die Ananas nachlesen: »Sie hat eine sonderliche Artzneykraft für die Schwachheit des Magens, den Stein, das Gift und die Traurigkeit.«
Auch hier ist allerdings alles eine Frage der Dosis: Wer einen empfindlichen Magen hat, verträgt gelegentlich den übermäßigen Genuss von Ananas nicht.
Der indischen Volksmedizin zufolge sollten die Frauen regelmäßig Ananassaft trinken, wenn sie sich vor ungewollter Schwangerschaft schützen wollten. Auch scheint die Frucht den Menstruationsfluss zu fördern. Die Ananas wirkt außerdem entspannend bei Muskelkrämpfen während der Regel. Die schweißtreibende Wirkung der Ananas wurde früher auch bei Gelbsucht genutzt. Frischer Ananassaft entwässert und wirkt fiebersenkend. Noch heute wird die Ananas als wirksames natürliches Wurmmittel eingesetzt.

Die Ananas in der chinesischen Medizin

Die Ananas wird in der chinesischen Medizin wegen der gelblichen Farbe ihres Fruchtfleischs dem Element Erde zugeordnet. Aus chinesischer Sicht regt die Ananas die Lebensenergie (Qi) und die Blutzirkulation des Menschen an. Die Ananas besitzt Yang-Qualität, d. h. in ihr steckt aktive Energie mit einer abkühlenden und erfrischenden Wirkung auf den Organismus. Die Chinesen setzen sie zur Harmonisierung der Lebensgeister, zur Erfrischung bei sommerlicher Hitze, zur Förderung der Verdauung und gegen Durchfall ein. In klimatisierten Räumen ist die erfrischende Ananasfrucht eine große Hilfe gegen die Trockenheit.
Wer unter Ärger und Stress leidet, der erfährt durch die Ananas einen wirksamen Ausgleich, so behaupten alte Quellen. Generell wirkt sie erfrischend und belebend.

In vielen Bereichen erweist sich die Ananas als nützlich. So benutzte man früher den Saft, um eiweißhaltige Flecken aus den Kleidern zu entfernen.

Die Ananas-Kur aktiviert den Stoffwechsel und auch die Laune.

Vitalstoffe tanken mit der Ananas

Ananas ist weit mehr als nur ein köstlicher Schlankmacher. Im Fruchtfleisch konnte eine Vielzahl an Substanzen nachgewiesen werden, die unseren Körper auf die verschiedenste Art und Weise gesund halten und vor Krankheiten schützen. Vitamine, Mineralien und Spurenelemente sowie Sekundäre Pflanzenstoffe unterstützen unseren Stoffwechsel, verbessern die Verdauung und stärken unser Immunsystem. Nicht zuletzt dadurch wird die Vier-Wochen-Ananas-Kur zu einer Wohlfühlkur für den ganzen Körper. Das Einzigartige an der Ananas ist allerdings der hohe Gehalt an dem eiweißspaltenden Enzym Bromelain, das in der Medizin bei Entzündungen, Gelenkschmerzen und Verdauungsstörungen eingesetzt wird. Bromelain unterstützt den Fettabbau und wirkt verdauungsfördernd.

Ein köstlicher Cocktail aus Vitaminen und Mineralien

So süß sie auch schmeckt: Ananas enthält kaum Zucker oder Fett.

Die Ananas (botanischer Name: Ananas comosus) besteht zu 85 Prozent aus Wasser und zu 13 Prozent aus Zucker; 100 Gramm Fruchtfleisch enthalten nur 55 Kalorien, 13 Gramm Kohlenhydrate, kein Cholesterin und verschwindend geringe Mengen Fett. So können Sie jederzeit und unbesorgt 200 Gramm der leckeren Frucht als Zwischendurch-Häppchen genießen!
Durch den hohen Vitaminanteil kann es bei Diäten auch nicht zu Mangelerscheinungen kommen. Besonders günstig ist das Verhältnis von Natrium und Kalium in der Ananas. Die beiden Salze, die den Wasserhaushalt unseres Körpers regulieren, sorgen so für eine natürliche und schonende Entwässerung.

Vitamine – Power fürs Immunsystem

Vitamine sind lebenswichtige Stoffe, die uns helfen, gesund, fit und leistungsfähig zu bleiben. Auf Vitamine kann der Körper nicht verzichten, denn sie gehören zu den essentiellen Stoffen, von denen der Körper zwar nur wenig benötigt, die er selbst jedoch nicht herstellen kann. Da der Körper überdies Vitamine nur in geringem Umfang speichern kann, ist er auf eine tägliche Zufuhr angewiesen. Die Ananas liefert außergewöhnlich viel davon: Sie enthält mehr als zehn Mineralstoffe und bis auf wenige Ausnahmen sämtliche Vitamine:

- Vitamin A (Beta-Karotin) wird auch als das »Schönheitsvitamin« bezeichnet. Es fördert die Erneuerung der Haut, unterstützt das Zellwachstum und ist unentbehrlich für gutes Sehen. Wie auch die Vitamine C und E sowie das Spurenelement Selen fängt Vitamin A freie Radikale ab, die Körperzellen angreifen und dadurch auf die Dauer schwere Erkrankungen auslösen können. Karotte, Pfirsich und Ananas haben einen besonders hohen Beta-Karotin-Gehalt.

Tipp: Stets einen Tropfen Öl oder Sahne zufügen; Beta-Karotin gehört nämlich zu den fettlöslichen Vitaminen und kann deshalb nur in Verbindung mit Fett aus der Nahrung aufgenommen werden.

Besonders im Winter können Sie Ihren Vitaminhaushalt auch durch frische Ananas unterstützen.

- Vitamin C hat wichtige Aufgaben: Es schützt und stärkt das Immunsystem, kräftigt das Bindegewebe und verbessert die Aufnahme von Eisen. Vitamin C kommt reichlich in Brokkoli, Sauerkraut und Paprika sowie in allen Zitrusfrüchten, Kiwi und Ananas vor.
- Vitamin D kommt in Ölen, Butter, Eier, Käse und Pilzen vor, in Obst ist es nicht enthalten. Es sorgt für Wachstum und Stabilität der Knochen und Zähne.

Tipp: Jeden Tag zehn Minuten Sonne stimuliert die Vitamin-D-Bildung.

- Vitamin E ist zuständig für die Abwehr von zellschädigenden freien Radikalen. Vitamin E kommt besonders reich in pflanzlichen Ölen vor.

Die unentbehrlichen Helfer der Enzyme

Viele Enzyme brauchen Unterstützung bei ihrer Arbeit. Ohne die Hilfe von Vitalstoffen wie Vitaminen, Mineralien und Spurenelementen können Enzyme ihre Aufgaben nicht erfüllen. Man nennt diese Stoffe daher auch Koenzyme. Wichtige Koenzyme sind z. B. die B-Vitamine, Vitamin C und Eisen. Das erklärt, warum ein Mangel an Vitaminen oder Mineralien die Enzyme lahmlegt und damit zahlreiche Störungen und Beschwerden im Körper hervorrufen kann.

- Vitamin K spielt eine wichtige Rolle bei der Blutgerinnung. Von den Darmbakterien des gesunden Menschen wird Vitamin K zwar gebildet, aber nur in geringem Maße vom Körper ausgenutzt. Am besten verwertet wird es aus pflanzlichen Nahrungsmitteln wie Kohlsorten, Sauerkraut, Kartoffeln, Kiwi und Ananas.
- B-Vitamine sind unentbehrlich für ein gut funktionierendes Nervensystem. Die »Nervenvitamine« garantieren Leistungsfähigkeit und Energie. Sie unterstützen die Hautregeneration und stabilisieren die Psyche. Sie kommen vor allem in Weizenkeimen, Fleisch, Milch, Vollkornprodukten, Getreide und Ananas vor.

Hinweis: Pantothensäure ist wegen ihrer hautschützenden Eigenschaften in vielen Wundsalben enthalten.

- Pantothensäure unterstützt die Entgiftungsfunktion des Körpers, fördert die Regeneration der Haut und schützt gegen vorzeitiges Altern von Haaren und Haut. Es ist reichlich in Wassermelone, Getreide und Ananas enthalten.
- Folsäure ist wichtig für den Zellaufbau und die Blutbildung und ist in Karotten, Rote Bete, Weizenkeimen und auch in Ananas enthalten.
- Biotin (Vitamin H) ist das Schönheitsvitamin für Haare, Haut und Nägel. Es sorgt für deren gutes Wachstum. Es ist in Champignons, Bierhefe, Weizenkleie und auch in Karotten enthalten. Bei einem Mangel kommt es zu schuppiger Haut und Hautentzündungen.

Mineralien feuern den Stoffwechsel an

Überall im Körper werden Mineralien gebraucht. Zu den wichtigsten Mineralstoffen zählen Kalium, Natrium, Kalzium, Phosphor und Magnesium. Obst und Gemüse haben das optimale Kalium-Natrium-Verhältnis. Durch eine Kur mit Ananas reichern sich die Körperzellen mit Kalium an und befreien das Gewebe von dort angereichertem Natrium – mit positiven Folgen für Zellstoffwechsel, Herz und Kreislauf.

Den Natriumgehalt in Ihrem Körper können Sie durch natriumarmes Mineralwasser senken.

■ Mineralstoffe in der Ananas

Die Ananas enthält große Mengen der wichtigsten Mineralstoffe:

- Kalium: wichtig für die Nerven- und Herzfunktion
- Natrium: reguliert den Wasserhaushalt
- Chlor: reguliert den Wasserhaushalt
- Kalzium: schützt vor Osteoporose, Baustein für Knochen
- Magnesium: »Anti-Stress-Mineral«, beugt Muskelkrämpfen vor
- Eisen: wichtig für die Blutbildung und Sauerstoffversorgung
- Fluor: Schutz vor Karies
- Jod: kurbelt den Stoffwechsel an
- Phosphor: »Nervennahrung«
- Zink: zuständig für Wundheilung und gesunde Haut
- Selen: Entgiftungsfunktion bei Umweltbelastungen
- Schwefel: Entgiftungsfunktion, reinigende Wirkung
- Mangan: schützt die Knochen

Mangelnde Zufuhr von Vitaminen und Mineralien macht sich oft unspezifisch bemerkbar in Form von Abgeschlagenheit und Infektanfälligkeit.

Die positive Wirkung der Ananas auf die Psyche

Die Ananas ist reich an der Aminosäure Tryptophan, ein Eiweißbaustein mit beruhigender und entspannender Wirkung auf die Psyche. Tryptophan gehört zu den essenziellen Aminosäuren, die der Organismus selbst nicht herstellen kann – er ist auf die Zufuhr von außen angewiesen. Damit ist die Ananas nicht nur eine Geheimwaffe gegen überflüssige Pfunde, sondern auch ein Muntermacher für die Seele!

Ist es die Liebe oder die Ananas? Mit der Ananas beflügeln Sie Ihren Organismus.

■ Manganreiche Ananas – Schutz vor Osteoporose?

Mangan fördert die Kalkeinlagerung in den Knochen. Mehrere Untersuchungen haben gezeigt, dass ein Mangel an Mangan zu Knochenmissbildungen und Blutgerinnungsstörungen führt. Durch Zufuhr von Mangan konnten diese Störungen behoben werden. Da die frische Ananas reichlich Mangan enthält, stellt sie – insbesondere für Frauen – einen idealen Schutz vor Osteoporose dar. Heute ist bekannt, dass Mangan für die Aktivierung von Enzymen zuständig ist. Bei Diabetes wird gewöhnlich ein erniedrigter Manganspiegel gemessen. Die endgültige Bedeutung des Spurenelementes Mangan ist noch nicht vollständig erforscht.

Enzyme – hochwirksame biologische Stoffe

Enzyme müssen häufig erst aktiviert werden: durch Vitamine und Mineralstoffe.

Enzyme sind winzige, für das menschliche Auge nicht sichtbare Eiweißmoleküle, die in jedem menschlichen Körper und in allen tierischen und pflanzlichen Organismen vorhanden sind. Sie werden auch als Bio-Katalysatoren bezeichnet, da sie für das reibungslose Funktionieren aller Stoffwechselprozesse sorgen, ohne dabei ihre Struktur zu verändern.

Dies sind die bekanntesten pflanzlichen Enzyme:

- Bromelain: Ananas; wichtig für die Eiweißverdauung
- Papain: Papaya; zuständig für die Eiweißverdauung
- Actinidin: Kiwi; unterstützt die Eiweißverdauung
- Pepsin: Magenenzym für die Eiweißspaltung
- Trypsin: Enzym der Bauchspeicheldrüse, Eiweißverdauung
- Amylase: leitet im Mund die Verdauung von Kohlenhydraten ein
- Lipase: Enzym der Bauchspeicheldrüse für die Fettverdauung

Bromelain – das einzigartige Enzym der Ananas

Das Enzym Bromelain beschleunigt die Verdauung aller eiweißreichen Speisen. Es gehört zu der Gruppe der Proteasen, d. h. den proteolytischen (eiweißspaltenden) Enzymen.

Tipp: Ein Glas Ananassaft nach einer eiweißreichen Mahlzeit erleichtert die Verdauung.

Auch ein Esslöffel Ananasessig, verdünnt in lauwarmem Wasser, fördert die Entschlackung.

■ So steigert Bromelain die Stoffwechselrate

Unsere Nahrung muss, damit der Körper sie verwerten kann, erst in ihre einzelnen Nährstoffe aufgespalten werden. Dabei helfen ihm Verdauungsenzyme. Im Mund verdaut das Enzym Amylase bereits Kohlenhydrate, d. h. Zucker und Stärke. Im Magen wird die Nahrung von der Magensäure »bearbeitet«: Das Magenenzym Pepsin spaltet Eiweiß in kleinere Teile. In diesem Stadium kann das Ananasenzym Bromelain die Verdauungsarbeit unterstützen. Im Dünndarm entfalten Enzyme aus Leber und Galle sowie aus der Bauchspeicheldrüse und aus dem Darm selbst ihre Aktivitäten. Lipasen, Amylasen und Proteasen spalten die Nahrung in ihre kleinsten Bausteine auf: Eiweiße werden in Aminosäuren zerlegt, Kohlenhydrate in Glukose (Traubenzucker), Fette in Fettsäuren.

Bromelain – Das Alleskönner-Enzym

Das nur in der Ananas vorkommende Bromelain hat ein breites Wirkungsspektrum:

- Es unterstützt die Fettverdauung.
- Es fördert und beschleunigt die Eiweißverdauung.
- Es regt Darm und Niere an.
- Es wirkt entschlackend.
- Es fördert die Wasserausscheidung.
- Es regt die Verdauung an.
- Es stärkt und entlastet die Bauchspeicheldrüse.
- Es beugt Verdauungsproblemen vor.
- Es beruhigt den Magen.
- Es wirkt in größeren Mengen abführend.
- Es öffnet verstopfte Hautporen.

Da die körpereigene Produktion von Verdauungsenzymen mit zunehmendem Alter abnimmt, können Enzyme aus der Nahrung anregend und ausgleichend wirken.

Leber und Galle werden bei ihrer Verdauungsarbeit wirkungsvoll von der Ananas unterstützt.

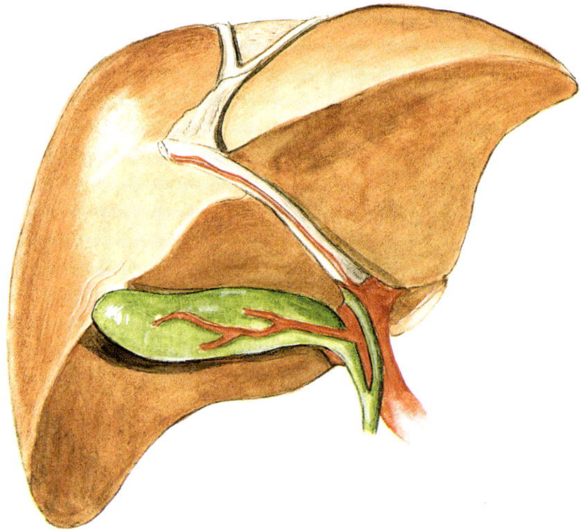

Die Gallenflüssigkeit sorgt, einem Spülmittel vergleichbar, dafür, dass die Fetttröpfchen aufgelöst (emulgiert) werden. Jetzt können die Enzyme aus Darm und Bauchspeicheldrüse die Fettmoleküle in ihre Einzelteile zerkleinern. Die zerlegten Nährstoffe werden durch die Darmwand zu den Körperzellen transportiert. Das Bromelain trägt dazu bei, dass die Nahrung optimal ausgenutzt wird. Bromelain wirkt sowohl im sauren Magenmilieu als auch im basischen Milieu des Darmes. Es unterstützt die Arbeit der Verdauungsenzyme Pepsin und Trypsin.

Die Verdauungsfunktion stärken mit Ananas

Nahrung, die aufgrund mangelnder Verdauungsenzyme im Darm liegen bleibt, fängt dort an zu »gären« und kann letztendlich krank machen.

Bei einem Mangel an Verdauungsenzymen kann die Nahrung nicht mehr optimal verwertet werden. Wichtige Nährstoffe wie Aminosäuren, Vitamine und Spurenelemente verlassen ungenutzt den Körper, wenn sie von Enzymen nicht entsprechend aufgeschlüsselt werden können. Mit zunehmendem Alter lässt die Produktion der Verdauungsenzyme langsam nach. Beschwerden, die auf einen Mangel hinweisen können, sind z. B. Blähungen oder schlecht verdaute Stühle. Bei leichteren Beschwerden lassen sich die Bauchspeicheldrüse sowie Leber und Galle durch die Inhaltsstoffe der Ananas anregen.

■ Die Heilwirkung von Bromelain

Ende des vergangenen Jahrhunderts (1891) wurde das Enzym Bromelain erstmals aus der Ananas isoliert. In anderen Ländern ist es bekannt unter dem Namen Bromelin, Ananase, Extranase oder Traumanase. Erst in den 50er Jahren kam Bromelain auch als Medikament auf den Markt. Um eine optimale medizinische Wirksamkeit zu erzielen, sind allerdings weitaus höhere Konzentrationen notwendig, als eine einzelne Ananas enthält.

Bromelain wirkt unter anderem entzündungshemmend und durchblutungsfördernd.

Das leistet Bromelain für unseren Körper

- Bromelain spaltet die Nahrung in ihre kleinsten Bestandteile auf, die dann vom Körper besser aufgeschlüsselt werden können.
- Bromelain beschleunigt den Stoffwechsel.
- Bromelain unterstützt das Immunsystem im Kampf gegen Krankheitserreger und Umweltgifte.
- Bromelain wirkt entzündungshemmend und beseitigt Entzündungsstoffe.
- Bromelain verbessert die Fließeigenschaften des Blutes.
- Bromelain steuert die Reparatur von Körperzellen.
- Bromelain aktiviert die Selbstheilungskräfte.
- Bromelain löst Schleim.
- Bromelain hemmt die Blutgerinnung, löst Blutgerinnsel.
- Bromelain fördert die Durchblutung.
- Bromelain senkt den Blutdruck.
- Bromelain wirkt gegen die Gefäßverkalkung.
- Bromelain hemmt Muskelkrämpfe, z. B. während der Menstruation.
- Bromelain wirkt vorbeugend gegen Krebs.
- Bromelain kann die Wirksamkeit von Antibiotika verbessern.
- Bromelain kann die Wirkung von gerinnungshemmenden Mitteln wie Aspirin verstärken.
- Aktuelle Untersuchungen weisen sogar Salizylsäure in der Ananas nach, eine Substanz, auf der das Schmerzmittel Aspirin basiert.
- Derzeit wird die Rolle von Bromelain bei der erfolgreichen Behandlung von Herzattacken untersucht.

Bromelain ist äußerst vielfältig wirksam – und immer noch sind nicht alle seine Heilwirkungen erforscht.

Wohlbefinden ist eine Wechselwirkung von Körper und Seele.

Schlanker werden mit der Ananas

Bevor Sie eine Kur beginnen, sollten Sie ein paar Fragen klären, denn sonst ist die Enttäuschung später oft groß: Warum habe ich Übergewicht? Will ich meine veränderte Ernährung auch nach der Kur beibehalten? Ist Ananas die richtige Diätkost für mich? ... Im nachfolgenden Kapitel sollen Sie sich über diese Dinge klar werden, denn mit diesem Bewusstsein steht oder fällt der Erfolg Ihrer Kur.

Was steckt hinter meinem Übergewicht?

In den meisten Fällen von Übergewicht ist die Menge der zugeführten Energie größer als die der verbrauchten Energie. Die überschüssige Nahrungsenergie wird vom Körper hauptsächlich im Fettgewebe und in der Leber gespeichert. Fettpolster dienen in Wirklichkeit als Energiereserve für »schlechte Zeiten«.

Genetische, d. h. vererbte Einflüsse scheinen beim Übergewicht durchaus eine Rolle zu spielen. Demnach gibt es gute und schlechte »Futterverwerter« – je nachdem, wie groß der Anteil der vom Körper verwerteten Nährstoffe ist. Jeder Mensch hat einen höchst individuellen Stoffwechsel – mit einem ganz unterschiedlichen Kalorienbedarf. Nur in seltenen Fällen (drei bis fünf Prozent) sind organische Probleme (z. B. Schilddrüse) Ursachen von Übergewicht.

Nicht jedes Fettpölsterchen bedeutet gleich Übergewicht – finden Sie Ihr persönliches Idealgewicht heraus.

Bewegungsmangel spielt bei der Entstehung von Übergewicht wahrscheinlich eine größere Rolle, als bislang angenommen. Wenn es Ihnen gelingt, jeden Tag nur 30 Minuten lang körperlich aktiv zu sein, werden die Pfunde nur so purzeln.

In den ersten Kurtagen werden zunächst die Gyklogenspeicher (Zuckerspeicher) geleert. Erst nach etwa einer Woche beginnt der Körper mit dem Angriff auf die Fettzellen. Am Anfang gibt der Körper dagegen vor allem Wasser ab.

Mangel trotz Überfluss

Nach den Forschungen des großen Schweizer Ernährungsexperten Dr. Bircher-Benner (1867–1939) entsteht Übergewicht durch den so genannten Reizhunger. Danach führen Übergewichtige trotz erhöhter Kalorienaufnahme ihrem Organismus zu wenig Vitalstoffe wie Vitamine und Mineralien zu. Diesen Mangel versucht der Körper durch eine vermehrte Nahrungsaufnahme auszugleichen. Da aber häufig energiereiche und gleichzeitig minderwertige Nahrungsmittel zugeführt werden, bleibt das Defizit trotzdem bestehen. Abhilfe schafft hier nur eine Umstellung der Ernährung auf qualitativ hochwertige Nahrungsmittel.

Geben Sie einem Heißhunger nicht spontan nach – überlegen Sie sich, wie sie ihn gesund stillen können.

Körpergewicht: Was ist eigentlich normal?

Eine einfache, aber wenig exakte Methode zur Errechnung des Normalgewichts ist die sogenannte Broca-Formel:
Körpergröße (in cm) – 100 = Normalgewicht (in kg).
Bei Frauen heißt es genauer:
(Körpergröße (in cm) – 100) – 10% = Normalgewicht (in kg).
Liegt das Gewicht 10 Prozent über dem Broca-Normalgewicht,

Wie dick sind Sie in Ihrem Unterbewusstsein?

Mit Formeln allein kommt man der Frage des Übergewichts nicht unbedingt bei. Wichtig für den Erfolg einer Kur ist auch, welche Programme im Unterbewusstsein gespeichert sind. Programmieren Sie sich also durchaus Ihre Traumfigur ein! Handeln Sie so, als hätten Sie Ihr Ziel schon erreicht. In diesem Fall werden Sie Ihre Kalorienmenge automatisch reduzieren, denn Sie essen, als seien Sie schlank. Auf diese Weise werden Sie den Erfolg Ihrer Kur auch länger halten.

Schlanksein fängt im Kopf an: Nur was Sie gedanklich bereits in die Wege geleitet haben, lässt sich auch in die Tat umsetzen.

Auch nach vier Wochen haben Sie vielleicht Ihr Idealgewicht noch nicht erreicht – aber Sie haben den richtigen Weg beschritten.

spricht man von Übergewicht. Ab einem Gewicht von 20 Prozent über dem Normalbereich nehmen nach dieser Formel gesundheitliche Risiken wie Herzkreislauf-Erkrankungen, Bluthochdruck und Arteriosklerose erheblich zu.

■ Eine präzise Messmethode: Der Body-Mass-Index

In der Medizin hat sich zur Bestimmung des Normalgewichts der so genannte Body-Mass-Index (siehe Abbildung) bewährt. Bei dieser Messmethode wird auch die Tatsache berücksichtigt, dass mit zunehmendem Lebensalter das Körpergewicht natürlicherweise etwas ansteigt.

Anhand der Tabelle können Sie selbst leicht feststellen, in welchem Bereich Sie sich befinden: Ziehen Sie mit dem Lineal eine Verbindungslinie zwischen Ihrer Körpergröße und Ihrem Gewicht: Der Body-Mass-Index ist in der Mitte angezeigt. Liegt Ihr Body-Mass-Index außerhalb des Normalbereichs, ist die Vier-Wochen-Ananas-Kur zu empfehlen.

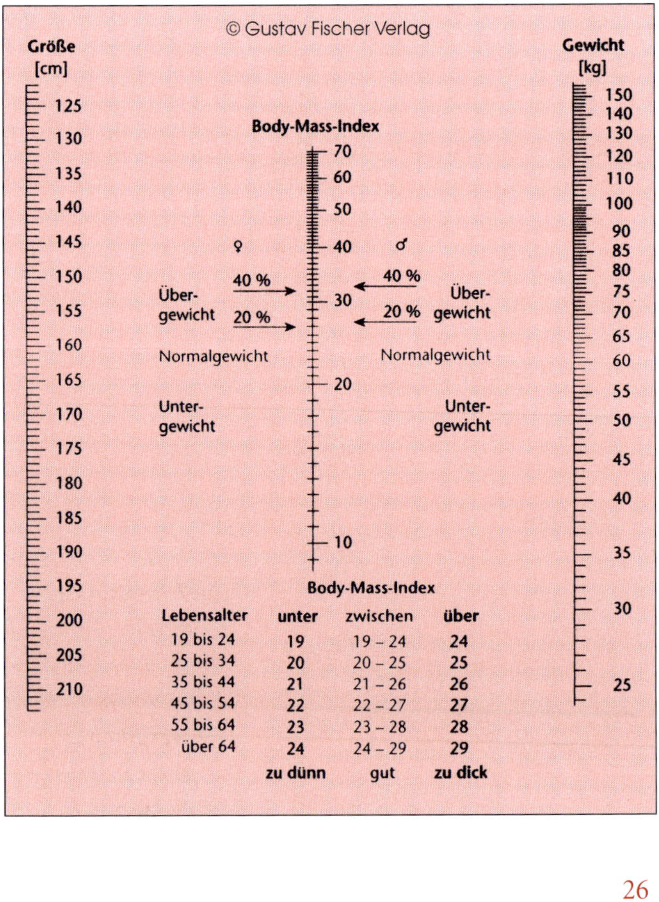

Psyche und Essen

Nicht selten ist auch die Psyche an der Entstehung von Übergewicht beteiligt. Fehlende Zuwendung und Verdrängung von Konflikten werden von vielen Menschen durch Essen, oft genug durch Süßigkeiten, kompensiert (»Kummerspeck«). Um Ihr Gewicht reduzieren zu können, ist

Test: Ist die Ananas-Kur für mich geeignet?

	Ja	Nein
■ Mein Body-Mass-Index (siehe Seite 26) liegt über dem Normalbereich.	❑	❑
■ Bei Heißhunger kaufe ich mir oft zwischendurch ein Würstchen oder ein Stück Kuchen.	❑	❑
■ Süßigkeiten kann ich kaum widerstehen.	❑	❑
■ Ich trinke regelmäßig Alkohol.	❑	❑
■ Fleisch und Fett sind meine Favoriten. Ich ziehe sie Obst und Gemüse vor.	❑	❑
■ Ich verwende viel Salz und Zucker in meiner Küche.	❑	❑
■ Ich leide unter Verdauungsproblemen, wie z. B. Verstopfung, Blähungen oder Durchfall.	❑	❑
■ Meine Verdauung funktioniert nur mit Abführmitteln.	❑	❑
■ Ich bin oft müde, schlapp und antriebslos.	❑	❑
■ Ich fühle mich häufig lustlos und stimmungsmäßig labil.	❑	❑
■ Ich habe ein schwaches Bindegewebe/Cellulite.	❑	❑
■ Ich ernähre mich so, wie ich es schon immer von zu Hause gewohnt bin.	❑	❑
■ Wenn die Grippewelle umgeht, bin ich immer dabei.	❑	❑
■ Ich nehme mir zu wenig Zeit für Bewegung und Sport.	❑	❑

Auswertung

Wenn Sie mehr als vier Fragen mit Ja beantwortet haben, ist die Vier-Wochen-Ananas-Kur für Sie sehr geeignet. Gleichzeitig sollten Sie auch eine Umstellung Ihrer Lebensgestaltung prüfen, z.B. neue Interessen und Aktivitäten entfalten, für mehr Bewegung sorgen usw.

Ungesunde Gewohnheiten durch gesunde zu ersetzen, ist ein wichtiger Schritt zu einer dauerhaft schlanken Figur.

Mit einer bewussteren Lebensgestaltung nähern Sie sich nicht nur Ihrer Traumfigur, sondern Sie werden auch sonst an Lebensqualität gewinnen.

Wer kennt nicht das berühmte »Frustessen«. Es ist wichtig zu lernen, negative Emotionen von Essen zu entkoppeln.

es daher wichtig zu klären, welche Aufgaben und Funktionen Essen in Ihrem Leben übernommen hat. Es gibt viele Möglichkeiten, innere Blockaden zu lösen und herauszufinden, welche unangenehmen Gefühle Sie mit dem Essen häufig hinunterschlucken. Eine Methode, die in diesem Zusammenhang mehr und mehr an Bedeutung gewinnt und mittlerweile von vielen Psychologen angeboten wird, ist die »Familientherapie nach Bert Hellinger«. Sie kann Ihnen helfen, Ihr Unterbewusstsein zu klären und Ihre wahren seelischen Bedürfnisse zu erkennen und zu leben. Oft genügen bereits wenige Sitzungen, um eine tiefgreifende Veränderung in Gang zu setzen.

■ Arbeiten Sie nicht gegen Ihren Körper

Viele Übergewichtige hassen ihren Körper, weil er ihnen zu unförmig und dick ist. Wir werden jeden Tag überschwemmt von den Bildern aus der Werbung, bekommen schlanke, junge, gesunde Menschen vorgeführt. Kein Wunder, dass man angesichts dieser Leitbilder irgendwann vieles von dem, was einem misslingt, dem eigenen Körper zuschiebt. Der Körper wird »schuldig«. Solche Denkmuster sind verhängnisvoll, denn wer seinen Körper nicht liebt und akzeptiert, der will ihm auch nichts Gutes tun. Wer aus einer solchen Grundhaltung heraus in die Diät einsteigt, wird es schwer haben, einen dauerhaften Erfolg zu erringen und das durch Diät gewonnene Gewicht und das Mehr an Wohlbefinden zu erhalten. Versuchen Sie also, alles, was Sie für Ihre Schlankheit tun, zunächst als eine Wohltat für Ihren Körper zu begreifen. Ein schlankerer Körper tut sich leichter, die Gelenke werden entlastet, die Organe sind weniger belastet, und mit der Vier-Wochen-Ananas-Kur freut sich Ihr Organismus darüber hinaus noch über den Entschlackungseffekt, den Sie sozusagen »gratis« mitnehmen.

Tun Sie sich einmal am Tag etwas Gutes – das nichts mit Essen zu tun hat.

Schenken Sie sich selbst Bewegung, widmen Sie sich selbst Aufmerksamkeit und Zuwendung. Zusätzlich sind Entspannungsmethoden sinnvoll, z. B. die progressive Muskelentspannung nach Jacobson oder Yoga.

Wie die Vier-Wochen-Ananas-Kur funktioniert

Die Vier-Wochen-Ananas-Kur beruht auf fünf Säulen bzw. auf einer mehrgleisigen Erfolgsstrategie:

- Kurprogramm: Ananas, leichte Küche, mit Schlankheitsrezepten aus der Natur, Essen im Biorhythmus
- Entschlackungsprogramm
- Bewegungsprogramm
- Wellness-Programm und naturheilkundliche Tipps
- Die Zeit nach der Kur: Schlank bleiben auf Dauer

Tipp: Setzen Sie sich ein realistisches Ziel: Im Zweifelsfall stecken Sie Ihr Ziel etwas niedriger, das verhindert Frust.

Für wen ist die Ananas-Kur geeignet?

Für Gesunde gibt es keinerlei Einschränkung, denn die Vier-Wochen-Ananas-Kur beruht auf den Grundlagen gesunder Ernährung und liefert dem Körper alle wichtigen Vitalstoffe. Die Kur kann jederzeit durchgeführt werden, wobei sich Frühjahr und Herbst besonders gut für das Abnehmen eignen.

Wenn Sie sich während der Kur krank oder längere Zeit unwohl fühlen, unterbrechen Sie und gehen Sie zum Arzt.

Wer Probleme mit dem Kreislauf hat oder unter anderen gesundheitlichen Störungen leidet, sollte vor einer Kur auf jeden Fall seinen Arzt konsultieren. In den meisten Fällen wird er gegen die Vier-Wochen-Ananas-Kur nichts einzuwenden haben, sofern Sie vorsichtig mit der Kalorienreduktion umgehen. Bei schweren chronischen Erkrankungen ist es allerdings vorzuziehen, die

Verzichten Sie auf die Waage

Der Gang zur Waage – ein Gang nach Canossa. Diese Quälerei ist Teil des Aufstehrituals vieler Menschen. Da liegt es nahe, dass man während einer Diät die Pfunde purzeln sehen will. Dennoch: Übertreiben Sie den »Sport« mit den Zahlen nicht. Im Vordergrund stehen doch nicht Gewichtsangaben, sondern Ihr persönliches körperliches Wohlbefinden!

Ernährung langfristig umzustellen, anstatt zeitlich begrenzte Diätprogramme zu absolvieren.

Tägliche Bewegung gehört dazu: Sie kurbeln dadurch Ihren Stoffwechsel an und können Stress abbauen.

■ Tipps, die die Kur erleichtern

- Baukasten-System: Die Mahlzeiten können innerhalb eines Tages problemlos ausgetauscht werden. Viele Berufstätige essen z. B. mittags lieber einen Salat und abends die warme Mahlzeit .
- Abends sollten Sie nicht zu spät essen; das belastet den Stoffwechsel. Aktuelle Untersuchungen zeigen, dass die Einnahme der letzten Mahlzeit zu einem möglichst frühen Zeitpunkt, z. B. später Nachmittag, den natürlichen Alterungsprozess verzögert.
- Schön ist es, wenn Sie die Ananas-Kur nicht alleine durchführen. Sicher finden sich Arbeitskollegen, Familienmitglieder oder Freunde, die die Kur mit Ihnen gemeinsam machen.
- Gestalten Sie während der Kur Ihre Freizeit aktiv, mit viel Bewegung und Gymnastik, damit Stoffwechselprodukte und Giftstoffe besser ausgeschwemmt werden können.
- Sorgen Sie für ausreichend Schlaf und Erholung, lassen Sie den Tag gegen 22 bis 23 Uhr langsam ausklingen.
- Entspannungs- und Atemübungen unterstützen den Kurerfolg.

So schmelzen die Fettpölsterchen dahin

Herkömmliche Diäten werden körperlich und seelisch oft als Stress empfunden.

Das Überzeugende an der Vier-Wochen-Ananas-Kur ist die gelungene Kombination aus reichlich Enzymen, Vitaminen, leichter Küche und genügend Ballaststoffen. Herkömmliche Diäten sind häufig zum Scheitern verurteilt, weil sie zu einseitig und kompliziert sind und sich die Teilnehmer sehr stark einschränken müssen. Dabei ist nichts schlechter und schädlicher für Ihren Organismus und die Regulierung des Körpergewichts als innere Anspannung. So können Cholesterin und Harnsäure im Blut allein aufgrund von innerem Stress und chronischer Anspannung ansteigen, unabhängig von der Ernährung.

Bei der Vier-Wochen-Ananas-Kur brauchen Sie nicht zu hungern und schützen sich damit vor unnötigen Belastungen und Stress. Ganz entspannt nehmen Sie Schritt für Schritt ab. Ziel ist es, auf sanfte Art abzuspecken, Lust auf gesunde Ernährung zu bekommen und Spaß an der Bewegung und am eigenen Körper (wieder) zu finden. Mit anderen Worten: Mit der Vier-Wochen-Ananas-Kur vermeiden Sie Diätfrust.
Übrigens können Sie die Diätkur nach Ablauf der vier Wochen durchaus fortsetzen. Bei der Vier-Wochen-Ananas-Kur handelt es sich um ein Ernährungsprogramm, das Sie ohne weiteres länger beibehalten können.

■ Essen im Biorhythmus

Wenige große Hauptmahlzeiten belasten den Organismus. Besser ist es, in regelmäßigen Abständen fünf kleine Mahlzeiten zu sich zu nehmen, d. h. jeweils eine Extra-Mahlzeit am Vormittag und Nachmittag einzuschieben. Mit fünf Mahlzeiten am Tag bzw. Essen im Dreistundentakt kann der Blutzucker nicht zu stark absacken und den Körper mit heftigen Heißhungerattacken quälen. Aber Achtung: Diese kleinen Extra-Mahlzeiten sind nicht zu verwechseln mit ständigem Essen zwischendurch.

Nehmen Sie öfter kleine Mahlzeiten zu sich – das verhindert Leistungstiefs.

Die Extra-Portion Vitamine: Früchte sind die ideale Zwischenmahlzeit.

Gemüse enthält garantiert keine Dickmacher.

Kleiner Leitfaden zur gesunden Ernährung

In der modernen Ernährungswissenschaft wird der Wert der Nahrungsmittel nach ihrer Nährstoffdichte beurteilt. Damit ist das Verhältnis von Kohlenhydraten, Fetten und Eiweiß zu Vitaminen, Mineralien und Spurenelementen in einem Nahrungsmittel gemeint. Besonders schlecht schneidet nach dieser Formel der Zucker ab, weil er außer der Glukose keine weiteren Nährstoffe liefert. Fachleute sprechen bei diesen ungünstigen Nahrungsmitteln von »Leerkalorien«. Obstsorten wie die Ananas liefern dagegen zahlreiche Aktivstoffe und Enzyme. Sie sind damit besonders hochwertig, bei gleichzeitig niedrigem Energiegehalt.

Was uns alles dick macht

Tipp: Bevorzugen Sie Produkte aus ökologischen Anbau. Sie sind reicher an Mineralstoffen als herkömmliche Produkte und wachsen auf gesunden Böden.

Wer auf seine Ernährung achtet, wird bald merken, dass er nicht mehr zunimmt, obwohl er nicht weniger isst. Die größten Dickmacher wollen wir in diesem Kapitel kennen lernen.

Was sind eigentlich Kalorien?

Der Energiegehalt von Nahrungsmitteln wird in der Einheit Kilokalorie ausgedrückt. 1 Kilokalorie (kcal) entspricht der Energie, die man benötigt, um einen Liter Wasser um ein Grad zu erwärmen. Als international gültige Einheit ist das Kilojoule (kJ) eingeführt worden, wobei gilt 1 kcal = 4,17 kJ.
Als Faustregel zum Merken: Kalorienwerte x 4 = Kilojoulewerte. Aus Fett, Eiweiß und Kohlenhydraten werden jeweils unterschiedliche Mengen an Energie gewonnen.

Fette enthalten doppelt soviel Kalorien wie die Kohlenhydrate:
1 g Kohlenhydrate: 4,1 kcal/17 kJ
1 g Eiweiß: 4,1 kcal/17 kJ
1 g Fett: 9,3 kcal/39 kJ

Was ist ausgewogene Ernährung?

Die Deutsche Gesellschaft für Ernährung (DGE) rät, Kohlenhydrate, Fette und Eiweiße in folgendem Verhältnis aufzunehmen:

Stoff	Anteil	Aufgabe
Kohlenhydrate	55–60%	Hauptenergielieferanten
Fette	25–30%	Energiespeicher
Eiweiße	12–15%	Zellaufbau,Zellregeneration, Aufbau des Immunsystems

Kohlenhydrate – die Energielieferanten

Kohlenhydrate sind die wichtigsten Energielieferanten für unseren Körper. Sie werden im Magen-Darm-Trakt rasch in ihre kleinsten Bausteine, die Glukose (Traubenzucker) gespalten, um dann in die Zellen aufgenommen zu werden. Befindet sich schon genügend Glukose in der Zelle, so wird sie vom Organismus in der Leber und in der Muskulatur in Form von Glykogen gespeichert, das bei Bedarf rasch wieder in Glukose umgebaut werden kann. Der Körper kann allerdings nur ungefähr 300 bis 500 Gramm Glykogen speichern. Das entspricht etwa 1 200 bis 2 000 kcal. Im Vergleich zu den beträchtlichen Fettspeichern ist dieser kleine Vorrat rasch aufgebraucht.

Mehrere kleine Mahlzeiten am Tag können vom Körper leichter verarbeitet und in Energie umgewandelt werden.

Sind die Speicher voll und werden trotzdem weiter Kohlenhydrate zugeführt, so wird die überschüssige Glukose in Fett umgewandelt und gespeichert, der Fettstoffwechsel ist gestört.

Der tückische Zucker

Bei natürlichen Nahrungsmitteln, wie z. B. Obst und Getreide, nehmen wir mit der Süße gleichzeitig auch wertvolle Nährstoffe

Komplexe Kohlenhydrate aus Gemüse und Obst liefern zusätzlich zur Energie noch Vitamine, Mineralien und Ballaststoffe.

zu uns, die auch sättigen. Komplexe Kohlenhydrate liefern lange Energie und sorgen so für mehr Ausdauer. Isolierte, d. h. von den Nährstoffen abgekoppelte Zucker, wie Trauben-, Haushalts-, oder Fruchtzucker, aber auch brauner Zucker, sind hinsichtlich ihres Gehaltes an Vitaminen völlig wertlos. Das Entscheidende: Trotz hoher Energie- und Kaloriendichte sättigt der isolierte Zucker nicht oder nur sehr kurze Zeit! Zucker, eigentlich ein Gewürz, nehmen wir heute in großen Mengen zu uns, mit unzähligen negativen Folgen für unsere Gesundheit, wie z. B. Karies, Übergewicht und Zuckerkrankheit (Diabetes mellitus). Zucker lässt den Blutzuckerspiegel schnell in die Höhe schießen. Die Bauchspeicheldrüse schüttet das Hormon Insulin aus, um den Blutzuckerspiegel wieder zu senken, gelegentlich sogar unter das vorherige Niveau – und schon ist der Hunger wieder da. Dieses ewige Auf und Ab kann durch komplexe, d. h. langsam verwertbare Kohlenhydrate wie Getreide, Obst und Gemüse wieder in ein stabiles Gleichgewicht gebracht werden.
Schließlich ist Zucker ein »Vitamin-B-Räuber«, begünstigt das vermehrte Auftreten von Pilzerkrankungen im Verdauungstrakt und schwächt die Immunabwehr.

Fette – schmackhafte Dickmacher

Zahlreiche Untersuchungen zeigen, dass die Bundesbürger doppelt soviel Fett essen wie empfohlen.

Die Fette in unserer Nahrung sind das größte Problem für all diejenigen, die zuviel Gewicht auf die Waage bringen. Fette sind die Geschmacksträger Nr. 1, d. h. alles was gut und intensiv schmeckt, enthält meist auch reichlich Fett. Der durchschnittliche Bedarf eines Erwachsenen liegt bei 60 bis 70 Gramm täglich. Tatsächlich werden aber im Durchschnitt über 100 Gramm Fett gegessen. Die Fettgrenze ist schnell überschritten: nur eine Bratwurst, zwei Esslöffel Mayonnaise oder drei Esslöffel Öl enthalten jeweils bereits 40 Gramm Fett.
Besonders schwierig ist es, die unsichtbaren Fette in unserer Nahrung zu erkennen. Sie verstecken sich in Fleisch- und Wurstwaren, fetten Milchprodukten, Süßigkeiten und Kuchen. Zucker und Fett ist eine besonders unvorteilhafte Kombination!

Trainieren Sie Ihr Geschmacksempfinden

Es gibt viele Anzeichen dafür, dass der Süßhunger des Körpers regelrecht »antrainiert« ist: Wer häufig seinen Hunger durch süße Snacks stillt, programmiert seinen Körper darauf, dass er seinen Energiebedarf mit Süßem stillen soll. Es ist aber möglich, den Geschmacksnerven und -knospen im Mund die Geschmacksrichtung »süß« wieder abzutrainieren und die natürlichen Geschmacksempfindungen aufzubauen.
Aus diesem Grund ist auch künstlicher Süßstoff nicht zu empfehlen, da er zwar einerseits quasi kalorienfrei ist, aber andererseits trotzdem die Geschmacksrichtung »süß« weiter verstärkt und im »Geschmacksgedächtnis« des Körpers speichert.
Verwenden Sie Zucker und Süßungsmittel daher nur als Gewürz und nicht als Lebensmittel.
Wecken Sie Ihre Geschmacksknospen auf! Das Verlangen nach Süßem geht bei vollwertiger Ernährung erfahrungsgemäß zurück.

Süße Früchte, wie Ananas, Erdbeeren oder Birnen, können das Bedürfnis nach Süßigkeiten auch stillen.

Gutes und schlechtes Fett

Ungesättigte Fettsäuren kann der Körper nicht selbst herstellen, sie müssen über die Nahrung zugeführt werden. Sie werden als essentielle Fettsäuren bezeichnet und sind in pflanzlichen Ölen in weitaus höherer Konzentration enthalten als in tierischen Fetten. Sie senken den Cholesterinspiegel im Blut. Kaltgepresste Öle sind besonders reich an wertvollen Fettsäuren und sollten daher auf dem täglichen Speiseplan stehen. In der Vollwertküche sind Pflanzenöle die wichtigsten Fettlieferanten:

- Sonnenblumenöl ist sehr wertvoll wegen des hohen Anteils an Vitamin E und Linolsäure. Wegen des schwachen Eigengeschmacks ist es für beinahe alle Gerichte geeignet.
- Distelöl enthält viel mehrfach ungesättigte Fettsäuren.
- Olivenöl ist nur als hochwertiges »natives Olivenöl«, also kaltgepresstes Öl zu empfehlen. Es eignet sich besonders gut für die kalte Küche.

So können Sie Fette einsparen

- Essen Sie viel Obst und Gemüse, denn darin ist fast oder gar kein Fett enthalten. Ausnahme: Avocado und Oliven.
- Wählen Sie fettarme Zubereitungsarten wie Dünsten, Dämpfen und Grillen.
- Bevorzugen Sie magere Käse- und Wurstsorten.
- Reduzieren Sie Süßigkeiten, oder verzichten Sie am besten ganz darauf.
- Machen Sie Salatsaucen mit Jogurt oder wenig Öl an.
- Streichen Sie Butter nur ganz dünn aufs Brot.
- Benutzen Sie nur selten Halbfettprodukte. Es handelt sich dabei um Mischfette, die zudem viele Zusatzstoffe enthalten.

➤ Maiskeimöl enthält viel Vitamin E und Lecithin. Wegen des neutralen Geschmacks eignet es sich gut für die warme und kalte Küche.

Aus zu viel Eiweiß wird Fett

Lassen Sie sich vom Rezeptteil inspirieren: Es gibt viele leckere Gerichte ohne Fleisch.

Mit Hilfe von Enzymen wird das Eiweiß aus der Nahrung in seine kleinsten Bestandteile, die Aminosäuren, zerlegt. Früher war es ein Anliegen, möglichst viel Eiweiß aufzunehmen. Das hat sich mittlerweile als Irrtum herausgestellt. Tatsächlich nehmen die meisten Menschen der westlichen Welt etwa doppelt soviel Eiweiß auf als notwendig und empfohlen. Vor allem der hohe Fleisch- und Wurstverzehr ist hierfür verantwortlich. Der Eiweißüberschuss wird vom Körper in Fett umgewandelt.

■ Auch Pflanzen liefern Eiweiß

Wichtig ist die Unterscheidung von pflanzlichen und tierischen Eiweißen. Hauptlieferanten von tierischem Eiweiß sind neben Fleisch und Fisch vor allem Eier, Quark und Jogurtprodukte. Pflanzliche Eiweiße stammen vor allem aus Getreide und Soja. Ernährungsexperten empfehlen, Fleisch und Wurst nur noch gelegentlich auf den Speiseplan zu setzen.

Und wenn's denn sein muss: Kaufen Sie Fleisch und Wurst am besten nur beim Bio-Metzger oder direkt vom Bio-Bauern sowie Geflügel und Eier nur aus Freilandhaltung – nicht zuletzt aus Gründen des Tierschutzes.

■ Fleisch – weniger ist mehr

Auch ohne oder mit wenig Fleisch lässt es sich gesund leben. Führende Ernährungsfachleute haben nachgewiesen, dass man sich auch ohne Fleisch mit allen Nährstoffen ausreichend versorgen kann. So sollten Sie im Rahmen der Vier-Wochen-Ananas-Kur Fleisch oder Wurst (100–150 Gramm) nur ein- bis zweimal pro Woche essen. Ein abwechslungsreicher Speiseplan – auch mit wenig Fleisch – versorgt den Körper in der Regel mit allen notwendigen Vitaminen, Mineralien und Spurenelementen.

Reduzieren Sie Ihren Fleischbedarf nach und nach, bis es Ihnen ganz normal erscheint, wenig Fleisch zu essen.

Viele Frauen berichten übrigens, dass ihr Teint deutlich strahlender und reiner wurde, nachdem sie das tierische Eiweiß – vor allem aus Fleisch und Wurst – in ihrer täglichen Ernährung reduziert hatten.

Salz hält das Wasser im Gewebe

Verwenden Sie Salz so sparsam wie möglich. Der durchschnittliche Pro-Kopf-Verbrauch von Kochsalz in Deutschland liegt bei 10 bis 15 Gramm pro Tag. Ernährungsexperten und Ärzte empfehlen dagegen nur fünf bis sechs Gramm. Salz hält Wasser im Gewebe zurück, und eine übermäßige Kochsalzaufnahme kann Bluthochdruck begünstigen.

Tipp: Verwenden Sie in Ihrer Küche nur jodiertes Speisesalz. Die Schilddrüse, die für Stoffwechselumsatz und Energieverwertung verantwortlich ist, kann bei Jodmangel nur eingeschränkt arbeiten.

Frische Kräuter sind raffinierte Würzmittel, mit denen Sie Salz einsparen können.

■ Wie Sie mühelos Salz einsparen können

Salz muss nicht unbedingt sein. Es gibt eine Menge anderer Würzmittel, mit denen Sie

In Ihrer Nahrung steckt nicht nur das Salz, das Sie zufügen: Viele Fertigprodukte oder Konserven enthalten bereits eine ordentliche Portion Salz.

einen ähnlichen Effekt erzielen können und Ihrer Gesundheit nicht selten einen zusätzlichen Dienst erweisen können:

- Bierhefe-Streuflocken (aus dem Reformhaus) sind eine gute Alternative zum Salz, da sie eine intensive Würzkraft besitzen. **Tipp:** Die Flocken enthalten reichlich Vitamine wie Folsäure, Vitamin B1, Vitamin H und Pantothensäure sowie die Koenzyme Eisen, Zink, Selen und Mangan. Mit Bierhefe-Streuflocken verschaffen Sie sich also zusätzlich eine große Portion an Vitalstoffen und verstärken die Wirkung der Ananasenzyme.
- Achten Sie beim Kauf von Mineralwasser auf den Natrium- bzw. den Salzgehalt. Sorten mit geringem Natriumgehalt (20 bis maximal 100 Milligramm pro Liter) sind für die salzarme Ernährung gut geeignet. Einige Mineralwässer enthalten mehr als 400 Milligramm pro Liter und sind nicht zu empfehlen.

Die feinsten Alternativen zu Salz

Frische Gewürze und Kräuter machen das Essen noch schmackhafter und oft auch bekömmlicher, sie verfeinern außerdem das Aroma. Darüber hinaus liefern sie Vitamine und Mineralstoffe und regen durch ihren Gehalt an ätherischen Ölen den Stoffwechsel an.

Dill zeichnet sich durch sein angenehmes, intensives Aroma aus und wird traditionell bei Blähungen und Magenbeschwerden eingesetzt. Besonders bei Bluthochdruck und Herz-Kreislauf-Erkrankungen ist Dill eine echte Alternative zum Salz. Er ist reich an Kalium, Schwefel und Natrium.

Tipp: Regelmäßig eingesetzt, ist Galgant ein wirkungsvolles Mittel gegen chronische Verstopfung.

Galgant ist in Gestalt und Geruch dem Ingwer ähnlich, daher heißt er auch »europäischer Ingwer«. Es war vor allem der Verdienst der Heiligen Hildegard von Bingen (1098–1179), den Galgant als Heilpflanze bei uns bekannt gemacht zu haben. Seine ätherischen Öle und Enzyme stärken die Verdauung und beseitigen Blähungen. Als Küchengewürz wird die pulverisierte Wurzel verwendet.

Meerrettich (»Bauernsenf«) enthält zahlreiche B-Vitamine und Vitamin C. Nachgewiesen ist ein antibiotischer Effekt, der Meerrettich bei Infekten der Atemwege und der Harnwege zu einer

Fleischlos lebt es sich gesünder

Aktuelle Untersuchungen haben nachgewiesen, dass Vegetarier in vieler Hinsicht gesünder leben als Fleischesser. Hohe Cholesterinwerte und viele Stoffwechselerkrankungen wie Diabetes oder Gicht treten bei ihnen weitaus seltener auf. Und: Vegetarier haben selten Übergewicht, denn die fleischlose Kost ist fettarm und bietet die erwünschte Menge an Ballaststoffen. Schwierig kann unter Umständen die Versorgung mit dem blutbildenden Vitamin B12 sein, da es vor allem in Fleisch, aber auch in Eiern und Milch vorkommt. In geringen Mengen ist das Vitamin übrigens auch in Sauerkraut enthalten.

Sauerkraut reguliert auch die Verdauung auf natürliche Weise.

wichtigen Heilpflanze macht, sowie eine günstige Wirkung bei Verdauungsstörungen. Das wertvolle ätherische Öl des »Rachenputzers« wird beim Reiben oder Pressen der Wurzel frei. Am besten verwendet man Meerrettich frisch oder lagert ihn, eingeschlagen in feuchten Sand, eine Weile kühl und dunkel. Wegen seines Schwefelgehalts ist Meerrettich besonders bei unreiner Haut und Schuppen ein empfehlenswertes und wirksames Mittel.

Ingwer enthält eine Vielzahl von Enzymen. Zudem hat die Wurzel einen positiven Einfluss auf den Cholesterinspiegel und die Fließeigenschaften des Blutes. Sie stärkt darüber hinaus das Immunsystem. In der chinesischen Medizin wird Ingwer bei Schwächezuständen verwendet.

Petersilie zeichnet sich durch den hohen Gehalt an Vitamin B, C, Kalium, Kalzium und Eisen aus. Die Wirkstoffe reinigen den Stoffwechsel, regen die Nierenfunktion an und sorgen für einen schönen Teint.

Schnittlauch ist reich an Natrium, Eisen und Vitamin C. Am besten ziehen Sie ihn im Topf auf der Fensterbank auf, wie auch Petersilie oder Dill.

Die Bitterstoffe und ätherischen Öle sind es, die den Ingwer auch zum wirksamen Heilmittel bei Magenbeschwerden und Übelkeit machen.

Essen Sie sich schlank mit Ballaststoffen

Bei den Ballaststoffen werden lösliche und unlösliche unterschieden.

Der Name »Ballaststoffe« stammt aus dem vergangenen Jahrhundert. Damals glaubte man, dass die unverdaulichen Pflanzenfasern für den Körper unnütz und eben reiner Ballast seien. Mittlerweile ist jedoch bekannt, dass die pflanzlichen Faserstoffe, die kaum Kalorien haben, einen wertvollen Beitrag zu unserer Gesundheit leisten. Sie kurbeln die Verdauung an, beugen vielen Krankheiten vor, wie z. B. Darmkrebs oder Gallensteinen, und verhindern überhöhte Cholesterinwerte.

■ Ballaststoffe steigern das Sättigungsgefühl

Müsli und alle Vollkornprodukte sind besonders reich an Ballaststoffen.

Indem sie im Darm aufquellen, wirken sie stark sättigend und reduzieren das Hungergefühl – eine gesunde Möglichkeit, um schonend abzunehmen, so die Deutsche Gesellschaft für Ernährung (DGE). Zwischen 30 bis 40 Gramm pro Tag liegt die empfohlene Menge, die aber nur wenige Menschen erreichen. Derzeit werden durchschnittlich sogar weniger als 20 Gramm verzehrt, da der Anteil industriell verfeinerter Nahrungsmittel, z. B. Weißmehl, zu hoch ist. Mit Abstand am besten schneidet die Gruppe der Vegetarier mit etwa 30 Gramm Ballaststoffen pro Tag ab. Die tägliche Ballaststoffmenge sollte je zur Hälfte aus Getreide und Getreideprodukten und zur anderen Hälfte aus Obst und Gemüse bezogen werden.

Tipp: Steigern Sie den Ballaststoffanteil in Ihrer Nahrung langsam, um den Darm allmählich daran zu gewöhnen. Ansonsten treten zu Beginn rasch Blähungen, Völlegefühl oder andere Verdauungsstörungen auf.

So fördern Ballaststoffe das Abnehmen

- Die Faserstoffe zwingen zu sorgfältigerem Kauen, was die Produktion von Verdauungsenzymen anregt.
- Die verlängerte Verweildauer des Speisebreis im Magen ruft ein anhaltendes Sättigungsgefühl hervor.

- Ballaststoffe binden Gallensäure und fördern damit die Ausscheidung von Cholesterin über den Darm.
- Kohlenhydrate werden mit Verzögerung aus dem Darm aufgenommen. Dadurch wird der Blutzuckerspiegel stabilisiert.
- Ballaststoffe regulieren die Verdauungsfunktion.
- Ballaststoffe wirken darmreinigend. Sie binden schädliche Substanzen und schleusen sie aus dem Körper.

Die wichtigsten Ernährungstipps auf einen Blick

- Machen Sie regelmäßig einen Ananas-Entschlackungstag, um den Stoffwechsel in Schwung zu halten.
- Trinken Sie täglich mindestens zwei Liter, um Giftstoffe auszuschwemmen.

Tipp: Fügen Sie dem Mineralwasser einen Schuss Zitronen- oder Limonensaft zu. Das schmeckt und liefert Vitamine und Mineralien.

- Bereiten Sie die Speisen schonend und mit wenig Fett zu.
- Verwenden Sie hochwertige, kaltgepresste Pflanzenöle wie Sonnenblumenöl, Olivenöl.
- Bevorzugen Sie pflanzliche Lebensmittel wie Gemüse, Obst und Kartoffeln sowie Vollkorn- und Milchprodukte. Zusätzlich können Sie ein bis zwei Fleisch- bzw. Wurst- oder Fischmahlzeiten pro Woche auf den Speiseplan setzen.
- Etwa die Hälfte der Nahrungsmittel sollte aus unerhitzter Frischkost wie Obst und Rohkost bestehen.
- Verwenden Sie – in Maßen – Butter, da Margarine künstlich bearbeitet ist.
- Steigern Sie die Menge der Ballaststoffe in Ihrer Ernährung. Ballaststoffe sind wichtig für die Verdauung und führen zu einem schnelleren und anhaltenden Sättigungseffekt.
- Schränken Sie Ihren Zucker- und Weißmehlkonsum soweit wie möglich ein, am besten wäre, Sie würden ganz darauf verzichten.
- Bevorzugen Sie wenig verarbeitete Lebensmittel. Verzichten Sie auf Konserven und Fertigprodukte.
- Bereiten Sie Speisen ansprechend zu, nach dem Motto: »Das Auge isst mit«.

Nehmen Sie sich genügend Zeit, über Ihre Ernährung nachzudenken und Ihre Einkäufe im voraus zu planen.

Intensivkur für Ihren Stoffwechsel

Was Sie für Ihren Stoffwechsel tun, das schlägt sich ganz schnell auch in purzelnden Pfunden nieder. Zunächst sollten Sie Ihrem Körper durch eine Entschlackungskur Erleichterung verschaffen. Die Ananas kann dazu gleich einen doppelten Beitrag leisten: Mit der Vier-Wochen-Ananas-Kur und dem Ananasessig.
Durch basische Ernährung können Sie Ihrem Organismus darüber hinaus die Arbeit in der Zukunft erleichtern. Wer die typischen Säurebildner meidet, verhindert das Ansammeln giftiger Schlacken im Bindegewebe.

Betrachten Sie die schwindenden Pfunde als angenehmen Nebeneffekt; das Wichtigste ist die Wohltat für Ihren Körper durch Entschlacken und Entsäuern.

Entgiftung und Entschlackung mit der Ananas

Im Laufe unseres Lebens lagern sich viele Giftstoffe in unserem Körper ab. Speziell im Bindegewebe sammeln sich regelrechte Müllhalden an, die den Stoffwechsel schwächen und dem Körper Energie rauben. Da hilft nur Entgiften und Entschlacken.
Bromelain, das Enzym der Ananas, ist entscheidend am Abtransport der Schlackenstoffe aus dem Körper beteiligt und fördert die Wasserausscheidung. Gerade in dieser Funktion spielt es bei der Vier-Wochen-Ananas-Kur eine wichtige Rolle. Es hilft zudem beim Abnehmen, weil es den Stoffwechsel anregt und verhindert, dass sich unnötige Schlacken absetzen. Fettverbrennung und Verdauung funktionieren schneller und besser. Entschlackungskuren dienen der echten Gesundheitspflege von innen. Und: Wer richtig entschlackt, geht gut gelaunt, fröhlicher und ausgeglichener durchs Leben.

Sie fördern die Entschlackung Ihrers Körpers noch, wenn Sie sich viel bewegen und Sport treiben.

So unterstützen Sie den Organismus bei der Entgiftungsarbeit:
- Mit der Vier-Wochen-Ananas-Kur
- Zusätzlich morgens ein Glas lauwarmes Wasser mit ein bis zwei Teelöffel Ananasessig trinken – das entschlackt den ganzen Organismus.

Mischen Sie anfangs erst wenig Ananasessig zum Wasser, bis Sie sich an den Geschmack gewöhnt haben.

Ananas und Bioessig – die Doppelstrategie gegen überflüssige Pfunde

Ananas harmoniert sehr gut mit Apfelessig, dessen heilende Wirkung schon seit langem bekannt und mittlerweile auch wissenschaftlich nachgewiesen ist. Ananas und Bioessig potenzieren sich gegenseitig in ihrer Wirkung. Eine besonders ideale Kombination der beiden Naturprodukte ist die Herstellung von Essigmischungen mit Ananas. Dieser sogenannte Abnehmessig wird in dem Buch »Schlank nach Wunsch mit Apfelessig« von Angerstein/Köhler beschrieben.

■ So wird der Ananasessig hergestellt

Zutaten: Eine Flasche Apfelessig aus biologischem Anbau und 250 Gramm Ananastrester, mit etwas Ananassaft vermischt. (Trester sind die Faserstoffe bzw. der Fruchtbrei, der beim Entsaften der Ananas übrigbleibt.)

Zubereitung: Geben Sie den Trester und den Apfelessig in eine getönte, weithalsige Flasche. Rühren Sie einmal kräftig um, und verschließen Sie das Gefäß sorgfältig. Die Ananas-Essig-Mischung kann bei Raumtemperatur aufbewahrt werden. Hin und wieder sollten Sie die Flasche leicht schütteln. Nach etwa drei Wochen hat der Essig die richtige Reife gewonnen und ist fertig zum Einnehmen. Vor jeder Entnahme gut schütteln.

Bei der Ananasessigherstellung werten Sie die heilende Wirkung des Apfelessigs noch durch die Inhaltsstoffe der Ananas auf.

Dosierung: Ein Teelöffel Ananasessig in ein Glas lauwarmes Wasser geben und umrühren. Nehmen Sie den Ananasessig nur in kleinen Schlucken zu sich, und »kauen« Sie ihn, indem Sie ihn im Mund einige Male hin und her bewegen, ähnlich wie beim Kosten eines guten Weins. Wenn Ihnen der Geschmack der Essigmischung jedoch unangenehm sein sollte, schlucken Sie die Flüs-

Mit der Ananas-Essig-Mischung nutzen Sie alle Teile der Ananasfrucht optimal aus: Den beim Entsaften entstehenden Saft trinken Sie pur, den Trester verwenden Sie für die Herstellung des Ananasessigs. So geht nichts verloren.

sigkeit einfach gleich hinunter. Steigern Sie die Dosis der Essigmischung langsam, beginnen Sie mit einem Teelöffel bis hin zu einem Esslöffel.
Nehmen Sie das Essiggetränk jeweils 15 Minuten vor den drei Hauptmahlzeiten ein. Die Kur sollte mehrere Wochen dauern, solange wie die Einnahme als angenehm empfunden wird.

Der Säure-Basen-Haushalt

Aus naturheilkundlicher Sicht ist der Säure-Basen-Haushalt im Körper von entscheidender Bedeutung für unsere Gesundheit und unser Wohlbefinden. Die moderne Ernährung besteht zu einem großen Teil aus Nahrungsmitteln, die eine Übersäuerung des Körpers begünstigen. Gerade der Darm ist betroffen: Im sauren Milieu vermehren sich vornehmlich Bakterien, die die Darmtätigkeit erschweren, also den Stoffwechsel stören. Die Ganzheitsmedizin führt daher zahlreiche Beschwerden wie erhöhte Infektanfälligkeit, rasche Ermüdung und Antriebsschwäche, Hautleiden, Gelenkbeschwerden und depressive Zustände auf eine chronische Übersäuerung des Körpers zurück.

■ Macht sauer dick?

Einige Experten vermuten auch einen Zusammenhang zwischen einer chronischen Übersäuerung des Körpers und der Entstehung

Der pH-Wert

Der pH-Wert (Abkürzung für potentia hydrogenii, d. h. die Stärke des Wasserstoffs) ist die Maßzahl für die Säurestärke. Die Skala reicht von 0 bis 14.

pH-Werte unter 7	= sauer
pH-Wert 7	= neutral
pH-Wert über 7	= basisch (alkalisch)

0	7	14
sauer	neutral	basisch (alkalisch)

Basenbildende Nahrungsmittel	Säurebildende Nahrungsmittel
Kartoffeln	Fleisch, Wurst
Gemüse	Fisch
Obst (Ananas)	Geflügel
Sauerkraut	Eier, Käse
Blattsalate	Zucker, Süßigkeiten
Milch	Weißmehlprodukte
Stilles Mineralwasser	Alkohol, Kaffee

Übersäuerung erschwert dem Körper die Verdauung und den Stoffwechsel.

von Übergewicht. Durch eine Ernährungsumstellung lassen sich diese Beschwerden oft positiv beeinflussen. Mediziner plädieren deshalb für eine basenreiche, überwiegend vegetarische Ernährung. Vor allem Obst, Gemüse und Kartoffeln wirken basisch und können den Säure-Basen-Haushalt wieder ins Gleichgewicht bringen. Mit der Zeit werden Sie ein Gefühl dafür bekommen, welches Nahrungsmittel sauer und welches basisch wirkt.

Säurebildner und Basenbildner

Die heutige Zivilisationskost besteht – wie schon gesagt – zu einem großen Teil aus säurebildenden Nahrungsmitteln. Mit der Vier-Wochen-Ananas-Kur können Sie dazu beitragen, dieses Ungleichgewicht wieder ins Lot zu bringen, denn Ananas gehört – wie Sie aus der obenstehenden Tabelle ersehen können – zum basenbildenden Obst.

Nicht der Säuregehalt eines Nahrungsmittels ist entscheidend für die Säure- oder Basenbildung im Körper, sondern die Stoffwechselprodukte, die bei der Verwertung des Nahrungsmittels anfallen.

■ Ananas reguliert das Säure-Basen-Gleichgewicht

Man könnte meinen, dass alle Speisen, die sauer oder säuerlich schmecken, auch säurebildend auf den Säure-Basen-Haushalt wirken. Das Gegenteil ist der Fall. Früchte wie Grapefruits, Orangen und Ananas reagieren, sobald sie sich im Körper befinden, basisch (alkalisch) und damit positiv ausgleichend auf den Säure-Basen-Haushalt. Die beiden Ernährungsexperten Harvey und Marylin Diamond, Autoren des bekannten Ernährungspro-

In der Apotheke gibt es Säurestreifen, mit denen Sie den Säurehaushalt Ihres Körpers überprüfen können.

Checkliste: Sind Sie übersäuert?

Überprüfen Sie, ob Sie bei sich die in der Folge aufgelisteten Symptome feststellen können:

- Der pH-Wert meines Urins liegt ständig im sauren Bereich (Kontrolle mit Teststreifen aus der Apotheke). ❑ Ja ❑ Nein
- Meine Haut ist aufgequollen und schlecht durchblutet. ❑ Ja ❑ Nein
- Ich habe häufig kalte Hände und Füße. ❑ Ja ❑ Nein
- Mein Haar ist stumpf, trocken oder schuppig. ❑ Ja ❑ Nein
- Ich neige zu saurem Aufstoßen, Magenbrennen, Sodbrennen und Blähungen. ❑ Ja ❑ Nein
- Ich habe häufig Mund- oder Körpergeruch. ❑ Ja ❑ Nein
- Ich leide unter Gicht, Gallen- oder Nierensteinen. ❑ Ja ❑ Nein
- Mir fehlt es oft an Energie, ich ermüde rasch und meine Leistungsfähigkeit ist vermindert. ❑ Ja ❑ Nein
- Meine Stimmung ist oft verdrießlich, »säuerlich«. ❑ Ja ❑ Nein

Je mehr Fragen Sie mit Ja beantwortet haben, desto größer ist die Wahrscheinlichkeit, dass Ihr Körper übersäuert ist.

gramms »Fit for Life«, vertreten sogar die These, dass Obst und damit auch die Ananas die einmalige Fähigkeit besitzen, die in unserem Körper entstehenden Säuren zu neutralisieren. Demnach ist die optimale Zeit für den Verzehr von Obst der Morgen bzw. die Zeit vom Frühstück bis zum Mittag.

So harmonisieren Sie Ihren Säure-Basen-Haushalt

Je geringer der Anteil tierischer Nahrungsmittel in Ihrer Ernährung ist, desto weniger »sauer« reagiert Ihr Körper.

Mit der Vier-Wochen-Ananas-Kur führen Sie sich reichlich basenbildende Nahrung zu. Vor allem die Ananas unterstützt den Wechsel des Organismus vom sauren in den basischen Bereich. Essen Sie auch sonst reichlich basische Kost, also viel Gemüse, Obst, Kartoffeln oder Sauerkraut. Schließlich empfiehlt sich ein- bis zweimal wöchentlich ein Entsäuerungsbad mit Natriumbikarbonat (Rezept siehe Kasten Seite 47).

Das Entsäuerungsbad

200 Gramm grobkörniges Meersalz oder 150 Gramm Natriumbikarbonat (aus der Apotheke) für ein Vollbad nehmen.

Das Wasser kann so warm sein, wie Sie persönlich es gut vertragen. Badedauer 15 bis 20 Minuten. Anschließend nur leicht abtrocknen und am besten noch etwa 30 Minuten im Bett nachschwitzen.

Hinweis: Bei Herz-Kreislauf-Erkrankungen oder sensiblem Herz-Kreislauf-System nur in Absprache mit dem Arzt oder Heilpraktiker anwenden.

Ein Vollbad mit Meersalz unterstützt nicht nur die physische Entsäuerung, sondern hilft auch, die Seele »baumeln« zu lassen.

Stress macht sauer, Entspannung macht basisch

In Ihren Alltag sollten Sie viel Bewegung integrieren: Mit dem Schweiß werden Schlackenstoffe und Säuren ausgeschieden. Betreiben Sie eine Sportart, die Ihnen Spaß macht, es geht nicht um Leistung, sondern um Freude an der Bewegung.
Auch durch Atemübungen können Sie entsäuern: Durch ruhiges, tiefes Ein- und Ausatmen werden reichlich Säuren abgeatmet. Ganz allgemein helfen Entspannungsverfahren, denn Stress führt zu einer verstärkten Bildung von Säuren.
In Absprache mit dem Arzt oder Heilpraktiker können Sie eventuell kurmäßig ein Basenmittel einnehmen, das den Säure-Basen-Haushalt reguliert. Die Dosierung richtet sich dabei nach dem pH-Wert Ihres Urins.

Der Darm und seine Bedeutung für unsere Gesundheit

Sehr lange wurde in der Medizin die Bedeutung eines gesunden Darms für den übrigen Körper unterschätzt. Inzwischen weiß man, dass der Darm ein eigenes Immunsystem besitzt, das wichtige Aufgaben im Bereich der Abwehr übernimmt. Störungen des Immunsystems können sich beispielsweise in Form einer erhöhten Infektanfälligkeit, einer gesteigerten Allergieneigung oder chronischer Erschöpfung zeigen.

Zu viele Süßigkeiten schädigen die Darmflora und machen anfällig für Pilzbefall.

■ Verdauungsbeschwerden – eine Volkskrankheit

Auch eine zu geringe Flüssigkeitsaufnahme kann Verdauungsbeschwerden verursachen.

Störungen der Darmfunktion sind heute weit verbreitet. Sie sind häufig auf unsere Ernährungsgewohnheiten, z. B. hastiges Essen, und die minderwertige Zusammensetzung unserer Nahrung (übermäßig Zucker und Weißmehl) zurückzuführen. Als Folge leiden viele Menschen unter Verdauungsproblemen wie Blähungen, Magendrücken, Verstopfung oder Durchfall.

Treten diese Beschwerden häufiger auf, so muss an eine Störung der Darmflora und der Darmfunktion gedacht werden. Auch ein Mangel an Verdauungssäften und Enzymen, z. B. aus der Bauchspeicheldrüse, kann Blähungen und Völlegefühl verursachen, da unsere Nahrung ohne Enzyme nicht ausreichend aufgespalten und verwertet werden kann. Enzymreiche Lebensmittel wie Ananas, Knoblauch und Zwiebeln sollten daher regelmäßig in den Speiseplan eingebaut werden, weil sie die Verdauung verbessern. Reicht dies allein nicht aus, kann mit Ananasenzym-Präparaten weitergeholfen werden.

Die Vier-Wochen-Ananas-Kur regeneriert die Darmflora

Milchsäurebakterien aus Jogurt, Kefir oder Sauerkraut tragen entscheidend zu einer intakten Darmflora bei.

Biogurt, Jogurt, Kefir und milchsaures Gemüse wie Sauerkraut helfen beim Aufbau einer gesunden Darmflora. Sie versorgen den Körper optimal mit Vitaminen, Mineralien und Spurenelementen; die in diesen Nahrungsmitteln enthaltenen Milchsäurebakterien stärken das Immunsystem und stabilisieren das Darmmilieu. Auf immer mehr Jogurtbechern befindet sich der Zusatz »probiotisch«. Diesen Produkten sind lebende Milchsäurebakterien zugesetzt, die gegen Säure resistent sind und so unbeschadet in den Darm gelangen. Dort stoppen sie krankmachende Keime und regulieren aktiv die Zusammensetzung der Darmflora. Die Ananas-Kur gewährleistet die regelmäßige Einnahme dieser gesunden Naturprodukte, die zudem kaum Kalorien haben.

Nach der Einnahme von Antibiotika, die einen großen Teil der Darmflora schädigen, ist eine Kur mit milchsäurehaltigen Lebensmitteln besonders zu empfehlen.

Die heilsame Milchsäure

Die Milchsäuregärung ist eine wichtige Konservierungsmethode, bei der wertvolle Inhaltsstoffe weitgehend erhalten bleiben. Am häufigsten wird auf diese Art Weißkohl in Form von Sauerkraut haltbar gemacht. Im Gemüse bildet sich Milchsäure durch die Tätigkeit von Bakterien, die Kohlenhydrate durch Gärung, d.h. ohne Sauerstoff, abbauen und in Milchsäure umwandeln. Milchsäureprodukte haben eine Universalwirkung auf den Säuregehalt des Magens:

- Bei Säuremangel regen sie die Produktion an, bei einem Überschuss wirken sie hemmend.
- Milchsäure hat zudem die Eigenschaft, Eiweiß in der Nahrung besser aufzuspalten und dem Körper leichter verfügbar zu machen.
- Eisen wird durch die Wirkung der Milchsäure besser aufgenommen.
- Milchsaure Gemüse wirken nicht säurebildend im Organismus, sondern gleichen den pH-Wert aus.

Tipp:
Ananas und Sauerkraut sind eine ideale geschmackliche und gesunde Kombination bei vielen Gerichten.

Eine Wohltat für den Darm: Jogurt und Sauerkraut

Von altersher setzt man Sauerkraut zur Reinigung des Darms ein. Sauerkraut ist reich an Vitamin C und Mineralstoffen, die rechtsdrehende L(+)-Milchsäure aktiviert die Bauchspeicheldrüse. Im Sauerkraut findet sich außerdem Cholin, eine Substanz, die blutdrucksenkend wirkt und bei der Fettverdauung von Leber und Galle eine wichtige Rolle spielt.
Überaus wertvoll sind auch die im Sauerkraut enthaltenen Vitamine B6 und B12. Das Vitamin B6 ist für die Verwertung von Eiweiß unverzichtbar, während das B12 für eine ganze Reihe von Stoffwechselvorgängen von Bedeutung ist. Es stimuliert das Nervensystem, die Produktion von roten Blutkörperchen, den Knochenaufbau und die Verwertung von Fett.

Ein Safttag mit Ananas & Co

Sie können sich Ihre Saftmischungen natürlich auch selber ausdenken und mixen.

Schalten Sie regelmäßig, auch nach der Kur – einmal pro Woche – einen Safttag ein, mit Ananas und anderen Früchten Ihrer Wahl. Sie können dabei Obst (außer Bananen) in unbegrenzter Menge zu sich nehmen.

Ein solcher Safttag ist eine Erholungspause für Ihren Stoffwechsel, und eine große Hilfe, wenn es darum geht, das errungene Gewicht auch auf Dauer zu halten.

Vorschlag für den Ananas-Schlankheitstag

Erstes Frühstück: Zwei Teelöffel Ananasessig auf ein kleines Glas lauwarmes Wasser und »Der Muntermacher« (Seite 98), ein Viertel Ananas und eine Grapefruit schälen und entsaften.

Zweites Frühstück: Entschlackungssaft (Seite 98).

Ein Viertel Ananas entsaften und mit 150–200 Gramm Sauerkrautsaft mischen, nach Belieben mit Muskat und Selleriegrün würzen.

Mittags: Der »Vitaminspender« (Seite 98).

Ein Viertel Ananas entsaften und mit 150 Gramm Sauerkirschsaft mischen.

Extra-Mahlzeit: »Krafttrunk« (Seite 98). Ein Viertel Ananas und einen Zentimeter Ingwerwurzel schälen und entsaften; bringt den Blutdruck in Schwung.

Abend: »Regenerationsdrink«

Ein Viertel Ananas, einen Apfel, eine Orange, ein Stück Sellerie, ein Esslöffel ungezuckerten Sanddornsaft, magnesiumreiches Mineralwasser. Das Obst schälen und entsaften, mit Mineralwasser auffüllen.

Während des ganzen Tages über sollten Sie zusätzlich mindestens zwei Liter Wasser oder Tee trinken. Bei Hungergefühlen hilft eine Scheibe Ananas, die man langsam und gut kaut.

Als Alternative zum Safttag bietet sich auch ein Obsttag mit Ananas an.

Die Wochenend-Intensivkur mit Ananas

Kurzkuren zur Entschlackung mit Ananas haben eine sanfte, und gut verträgliche Wirkung. Besonders geeignet für die Kur ist das Wochenende. Pro Tag werden etwa 700 Milliliter Säfte getrunken. Im Gegensatz zum klassischen Fasten ist bei Kurzkuren keine spezielle Vor- und Nachbereitung erforderlich. Nutzen Sie das Wochenende als Aktivprogramm, um einmal richtig auszuspannen und Ihren Körper auf Vordermann zu bringen.

Machen Sie zusätzlich ein Entsäuerungsbad, und genießen Sie viel Bewegung an der frischen Luft.

So könnte Ihr Kurplan für das Wochenende aussehen

- Über den Tag verteilt mindestens zwei Liter Kräutertee oder stilles Wasser trinken.
- Erstes Frühstück: Einen Esslöffel Ananasessig mit einem kleinen Glas lauwarmem Wasser mischen, ein Glas Ananassaft gemischt mit Sauerkrautsaft, zwei Tassen Lindenblütentee, alles langsam und in kleinen Schlucken trinken.
- Zweites Frühstück: Ein Glas Ananassaft
- Mittagessen: Ein halbes Glas Ananassaft, ein Glas Gemüsesaft (z. B. Karottensaft)
- Nachmittags: Ein Glas Gemüsesaft (z. B. Rettichsaft), eine Tasse Lindenblütentee
- Abendessen: Ein halbes Glas Ananassaft, ein Glas Gemüsesaft (z. B. Rote-Bete-Apfel-Saft)
- Vor dem Schlafengehen: Zwei Tassen Baldriantee

Säfte, die die Ananas-Heilwirkung unterstützen

- Rote-Beete-Apfel-Saft: entschlackt, stärkt die Abwehr
- Rettichsaft: stärkt Leber und Galle, hilft bei der Entgiftung
- Sauerkrautsaft: regt die Verdauung an und reinigt den Darm
- Karottensaft: reich an Provitamin A, für Augen und Haut

Wichtig: einen Tropfen Öl zufügen

Viel Trinken ist wichtig, besonders während einer Kur: Ananas passt hervorragend in viele Mixgetränke.

Die Vier-Wochen-Ananas-Kur

Gesund, leicht, abwechslungsreich und köstlich – das ist die Vier-Wochen-Ananas-Kur. Hier finden Sie Rezepte, die Sie nach eigenem Geschmack kombinieren und variieren können. So wird auf keinen Fall Langeweile aufkommen, denn die ist für jeden, der eine Diät macht, eine große Gefahr fürs Durchhalten.

Wichtige Tipps für die Vorbereitung der Kur finden Sie im Anschluss. Und danach heißt es: Schmökern Sie nach Lust und Laune im Rezeptteil und suchen Sie sich Ihr Lieblingsgericht schon einmal aus …

Planen Sie gut

Tipp: Trinken Sie nur vor und nach den Mahlzeiten, denn sonst werden die Verdauungsenzyme verwässert.

Pro Tag sollten Sie fünf Mahlzeiten einplanen: Frühstück, Mittagessen (warme Hauptmahlzeit), Abendessen (leichte Mahlzeit bzw. Salate) und zwei Extra-Mahlzeiten.

Am Ende des Rezeptteils finden Sie Kurpläne für die ersten vier Wochen. Bei Einhaltung der Mahlzeiten überschreiten Sie nie eine Tagesmenge von 1 200 kcal, mit den meisten Tagesplänen kommen Sie auf 1 000 bis 1 200 kcal. Die gesamte Kur können Sie natürlich auch, wenn Sie genügend Erfahrung gesammelt haben, ganz nach Ihren persönlichen Wünschen und Vorlieben zusammenstellen. Sie brauchen bei der Vier-Wochen-Ananas-Kur nicht ständig Kalorien zu zählen, die Pfunde schmelzen automatisch. Die Rezepte sind so kombiniert, dass die wertvollen Enzyme der Ananas die Verdauung der übrigen Zutaten unterstützen. Dadurch können Sie ausreichend essen, ohne dass Hungergefühle auftreten. Alle Rezepte sind – soweit nicht anders angegeben – für jeweils eine Portion berechnet.

Die Grundausstattung der Speisekammer

Diese Nahrungsmittel sollten Sie vorrätig haben:

- Ananas
- Karotten (aus biologischem Anbau)
- Biokartoffeln
- Zwiebeln, Knoblauch
- Äpfel und anderes Obst (je nach Saison)
- Apfelessig
- Zitronen
- Sauerkraut
- Kaltgepresste Öle (z. B. Sonnenblumenöl, Distelöl, Olivenöl)
- Gemüsebrühe
- Senf, Tomatenmark
- Gewürze: jodiertes Meersalz, Kräutersalz, Pfeffer, Paprika, Curry, Lorbeerblätter, Muskatnuss, Ingwer, Galgant
- Hefe-Streuflocken
- Worchestersauce, Sojasauce
- Kräuter: Dill, Schnittlauch, Petersilie (am besten selbst im Garten oder auf dem Fensterbrett ziehen)
- Knäckebrot
- Butter
- Weizenkleie
- Jogurt, Kefir, Magerquark, Buttermilch
- Getreide: Müsli, Buchweizen, Grünkern, Dinkel, Roggen, Weizen
- Vollkornnudeln
- Vollkornreis
- Mineralwasser, Kräutertee

Denken Sie beim Kauf des Mineralwassers daran, natriumarmes zu wählen.

Legen Sie nur kleine Vorräte an, und verbrauchen Sie die Nahrungsmittel deutlich vor dem Verfallsdatum. Obst und Gemüse kaufen Sie am besten täglich frisch, denn durch die Lagerung gehen wertvolle Vitamine und Mineralstoffe verloren.

»Wochenlang« nur Ananas?

Diese Frage stellt sich bei der Vier-Wochen-Ananas-Kur auf keinen Fall. Der Kurplan auf den Seiten 108 bis 111 ist so angelegt, dass täglich mindestens einmal Ananas auf dem Speiseplan steht. Die Gerichte im Rezeptteil sind so ausgewählt (und deshalb zum Teil auch ohne Ananas), dass ihre Kombination eine vollwertige, ausgewogene und abwechslungsreiche Ernährung gewährleistet – auch während einer vierwöchigen Kur: Mit etwas Erfahrung können Sie bald Ihren eigenen Kurplan zusammenstellen und aus dem Angebot der Rezepte nach eigenem Belieben gesund variieren und kombinieren.

Obst und Gemüse müssen natürlich vor der Zubereitung gründlich gewaschen und Früchte wie die Ananas geschält werden. Dies ist nachfolgend nicht mehr bei jedem Rezept extra erwähnt.

Küchenausrüstung

Um die Vier-Wochen-Ananas-Kur und die Zeit danach ganz unkompliziert durchführen zu können, sind neben der üblichen Küchenausstattung folgende Küchengeräte vorteilhaft:

- Küchenwaage: Hier eignen sich besonders elektronische Waagen (Digitalwaagen) mit einer genauen Messeinteilung von zwei Gramm, da sie sehr handlich und komfortabel sind. Die Geräte der neuen Generation, ausgestattet mit Lithiumbatterien, funktionieren jahrelang ohne Batteriewechsel. Zumindest am Anfang sollten Sie eine Küchenwaage benutzen, um ein sicheres Gefühl für Gewichte und Mengen zu entwickeln.
- Entsafter zur Saft- und Tresterherstellung
- Mixer bzw. Stabmixer
- Beschichtete Töpfe und Pfannen, um fettarm zu braten und kochen
- Getreidemühle (bei Bedarf)
- Gemüsereibe, eventuell Küchenmaschine
- Frischhalteboxen

Falls Sie mit Teflon-Kochgeschirr arbeiten, achten Sie darauf, dass die Beschichtung intakt ist. Schon kleine Kratzer genügen, dass beim Kochen schädliche Substanzen freigesetzt werden.

Frühstück – Der gesunde Start in den Tag

Über Nacht werden die Reserven an Glykogen aufgebraucht. Am Morgen müssen diese Energiereserven wieder aufgefüllt werden. Mit den nachfolgenden Frühstücksvariationen beugen Sie dem Heißhunger vor, regen Verdauung und Ihren Organismus an und starten fit in den Tag.

Lesen Sie sich die Rezepte in aller Ruhe durch und stellen Sie Ihren persönlichen Speiseplan zusammen.

ANANAS-VERDAUUNGSDRINK

200 ml Buttermilch • 1 Scheibe Ananas • 1 EL Weizenkleie • 1 Msp. Galgant

Ananas klein schneiden, mit der Buttermilch und der Weizenkleie im Mixer pürieren. Galgant unterrühren.

➤ *Je Portion 178 kcal/745 kJ*

KNÄCKEBROT MIT ANANAS UND FRISCHKÄSE

2 Scheiben Vollkorn-Sesamknäckebrot • 50 g leichter Frischkäse • 1 Scheibe Ananas

Knäckebrot mit Frischkäse bestreichen.
Ananas kleinschneiden und auf dem Frischkäse verteilen.

➤ *Je Portion 201 kcal/841 kJ*

Getreide, besonders Vollkorngetreide, ist als Lieferant komplexer Kohlenhydrate ein wesentlicher Bestandteil der gesunden Ernährung.

KNÄCKEBROT MIT SCHINKEN UND ANANASDRINK

1 Scheibe Roggenknäckebrot • 1 TL Butter • 1 Scheibe gekochter Schinken • 125 ml Ananassaft • Mineralwasser, magnesiumreich

Roggenknäckebrot dünn mit Butter bestreichen und mit dem Schinken belegen.

Ananassaft frisch pressen.

Mit Mineralwasser auffüllen.

➤ *Je Portion 250 kcal/1046 kJ*

VOLLKORNBROT MIT KÄSE UND RADIESCHEN

1 Scheibe Vollkornbrot • 1 TL Butter • 1 Scheibe Gouda (30% F. i. Tr.) • 1 Tomate

Vollkornbrot dünn mit Butter bestreichen und mit dem Käse belegen.

Tomate in Scheiben schneiden und auf dem Brot verteilen.

➤ *Je Portion 200 kcal/837 kJ*

VOLLKORNBRÖTCHEN MIT MARMELADE UND ANANAS

1 Vollkornbrötchen • 1 TL Butter • 1 TL Marmelade • 1 Scheibe Ananas

Brötchenhälften dünn mit Butter und Marmelade bestreichen.

Dazu gibt es eine Scheibe geschälte Ananas.

➤ *Je Portion 248 kcal/1038 kJ*

PUMPERNICKEL MIT EI

***Hinweis:** Wegen des hohen Cholesteringehaltes sollten Sie pro Woche nicht mehr als ein Ei essen.*

1 Scheibe Pumpernickel • 1 TL Tomatenmark • 2–3 Radicchioblätter • 3 Radieschen • 1 hartgekochtes Ei • Schnittlauch • Meersalz, Pfeffer

Brot mit Tomatenmark bestreichen. Die Radicchioblätter daraufgeben.

Die Radieschen und das Ei in feine Scheiben schneiden und abwechselnd auf dem Brot verteilen. Schnittlauch kleinschneiden. Mit Salz und Pfeffer abschmecken und mit den Schnittlauchröllchen bestreuen.

➤ *Je Portion 167 kcal/699 kJ*

VOLLKORNBROT MIT KRÄUTERQUARK

2 Scheiben Vollkornbrot • 1 TL Butter • 3 EL Kräuterquark (20% F. i. Tr.) • Petersilie

Brot dünn mit Butter und Kräuterquark bestreichen. Die gewaschene Petersilie fein wiegen und darüberstreuen.

➤ *Je Portion 320 kcal/1339 kJ*

Vollkornbrot und Pumpernickel liefern wertvolle Ballaststoffe.

VOLLKORNBROT MIT PUTENWURST UND GURKE

1 Vollkornbrot • 1 TL Butter • 1 Scheibe Putenwurst • 1 Gewürzgurke • 1 Scheibe Ananas

Vollkornbrot dünn mit Butter bestreichen, Putenwurst darauf legen. Gurke in feine Scheiben schneiden und auf die Wurst legen. Dazu eine Scheibe Ananas servieren.

➤ *Je Portion 263 kcal/1100 kJ*

PUMPERNICKEL MIT CAMEMBERT, PAPRIKA UND ANANAS

1 Scheibe Pumpernickel • 1 TL Butter • 30 g Camembert (30% F. i. Tr.) • 1/2 rote oder gelbe Paprikaschote • 1 Scheibe Ananas

Brot dünn mit Butter bestreichen, mit Käse belegen und mit den in Streifen geschnittenen Paprika und Ananas garnieren.

➤ *Je Portion 283 kcal/1184 kJ*

VOLLKORNBRÖTCHEN MIT QUARK UND MARMELADE

1 Vollkornbrötchen • 1 TL Butter • 1 EL Magerquark • 1 TL Marmelade (z. B. Erdbeere)

Brötchenhälften dünn mit Butter bestreichen. Den Quark mit der Marmelade verrühren und auf das Brötchen streichen.

➤ *Je Portion 185 kcal/774 kJ*

Wenn man den Magerquark vorher mit etwas Mineralwasser verührt, wird er sämiger und feiner im Geschmack.

DER FITMACHER: FRISCHE ANANAS

2–3 Scheiben Ananas (ca. 200 g)

Ananas schälen und in Würfel schneiden.

➤ *Je Portion 110 kcal/ 460 kJ*

VEGETARISCHER BROTAUFSTRICH

Wenn Sie Sojasauce verwenden, können Sie mit Salz sehr sparsam umgehen.

1/2 rote Paprikaschote • 1 kleine Karotte • 1 kleine Zwiebel • 1 Knoblauchzehe • 1 TL Maiskeimöl • 1 EL Haselnüsse, gerieben • 1 Msp. Galgant • Jodiertes Meersalz, Pfeffer, Curry, • Sojasauce • Frische Kräuter, fein gehackt

Die Menge des Brotaufstrichs reicht für etwa fünf Scheiben Brot.

Paprika, Karotte, Zwiebel und Knoblauch klein schneiden und in Öl weichdünsten; abkühlen lassen.

Haselnüsse, Salz und Kräuter und Sojasauce dazugeben und abschmecken. Anschließend mit dem Mixer pürieren.

Den Brotaufstrich auf einer Scheibe Vollkornbrot (95 kcal/397 kJ) verstreichen.

➤ *Je Portion 28 kcal/117 kJ*

TOFU-BROTAUFSTRICH

Die Brotaufstriche sind im Kühlschrank gut zwei Tage haltbar.

100 g Tofu • 2 EL Jogurt (1,5%) • 1 EL Ananasessig • Jodiertes Meersalz, Pfeffer, Paprika, Sojasauce • 1 kleine Zwiebel • 1/4 rote Paprikaschote • 1 kleine Gewürzgurke • 1/4 Apfel • 1 kleine Knoblauchzehe • Petersilie

Tofu mit einer Gabel zerdrücken, mit Jogurt, Essig und Gewürzen verrühren.

Zwiebel und Knoblauch fein hacken, Paprika, Gurke und Apfel in kleine Würfelchen schneiden und unter den Tofu heben. Mit Petersilie bestreuen.

Die Menge reicht für etwa fünf Scheiben Brot.

➤ *Je Portion 27 kcal/113 kJ*

BUCHWEIZEN MIT ANANAS

2 EL Buchweizen • Wasser • 1 Scheibe Ananas (ca. 100 g) • 1 Pfirsich (oder Obst nach Saison) • 3 EL Dickmilch

Buchweizen am Vorabend einweichen. Am nächsten Morgen mit dem Einweichwasser kurz aufkochen. Etwas abkühlen lassen.

Ananas und Pfirsich kleinschneiden, mit der Dickmilch und dem Buchweizen mischen.

➤ *Je Portion 265 kcal/1108 kJ*

Tofu – Die gesunde Alternative zum Fleisch

Tofu ist eine quarkähnliche Masse, die aus Sojabohnen gewonnen und als Fleischersatz immer beliebter wird. Da Tofu geschmacksneutral ist, eignet er sich für Zubereitungen und Geschmacksrichtungen aller Art: Braten, Backen, Grillen, Süßspeisen, pikante Brotaufstriche usw. Tofu wird auch geräuchert angeboten. Im Gegensatz zum Fleisch belastet er den Körper nicht. Er enthält viel pflanzliches Eiweiß, ist kalorienarm und cholesterinfrei: 100 Gramm Tofu enthalten 80 Kalorien, acht Gramm Eiweiß, zwei Gramm Kohlenhydrate, fünf Gramm Fett sowie wertvolle Mineralstoffe und Vitamine. Pflanzliches Eiweiß ist weniger hochwertig als tierisches. In Milch, Eiern und Fleisch kommen die essenziellen Aminosäuren im optimalen Verhältnis zueinander vor – deshalb sollten diese Nahrungsmittel langfristig nicht in der Ernährung Ihres Kindes fehlen.

Pflanzliches Eiweiß ist generell von niedrigerer biologischer Wertigkeit als tierisches. Belassen Sie deshalb Milchprodukte (fettarme) in Ihrem Speiseplan, wenn Sie Ihren Fleischkonsum minimieren.

KÄSEBROT MIT GURKE

1 Scheibe Vollkornbrot (à 40 g) • 1 TL Butter • 1/2 TL Senf • 1 Scheibe Gouda (30% Fett i. Tr.) • 1 Gewürzgurke • Radieschen

Vollkornbrot mit Butter und Senf bestreichen.

Mit dem Käse belegen.

Mit Gurkenscheiben und Radieschen garnieren.

➤ *Je Portion 228 kcal/954 kJ*

Trinken Sie viel Mineralwasser und Tee zu diesem Frühstück, da Leinsamen dem Darm Wasser entzieht.

VERDAUUNGSFRÜHSTÜCK

3 Backpflaumen • 2 EL Weizenschrot • 1 EL Leinsamen • 1 Scheibe Ananas • 1 TL Zitronensaft

Backpflaumen abends in reichlich Wasser einweichen und quellen lassen. Am nächsten Morgen kleinschneiden.

Mit einem Teil des Einweichwassers, dem Leinsamen und dem Weizenschrot mischen.

Ananas in kleine Stücke schneiden und unterheben. Nach Belieben mit Zitronensaft abschmecken.

➤ *Je Portion 310 kcal/1297 kJ*

ANANAS-MÜSLI FÜR EILIGE

2 EL Bircher-Müsli • 4 EL Milch • 1 Scheibe Ananas

Müsli mit Milch und geschnittener Ananas vermischen.

➤ *Je Portion 138 kcal/925 kJ*

ANANAS-VITALMÜSLI

Wenn Sie morgens schwer in die Gänge kommen, essen Sie ein Frühstück mit viel Obst. Das macht Sie fit.

1 Scheibe Ananas • 1 Becher Jogurt (1,5% Fett) • 1/2 Orange (Saft) • etwas Zitronensaft (nach Belieben) • 3 EL Haferflocken

Ananas kleinschneiden und mit dem Jogurt und dem Orangensaft mischen.

Eventuell etwas Zitronensaft zufügen.

Anschließend die Flocken unterheben.

➤ *Je Portion 138 kcal/925 kJ*

MÜSLI FÜR MORGENMUFFEL

1 Scheibe Ananas • 1/2 Orange • 1 TL Zitronensaft • 1 TL Honig • 2 EL Haferflocken

Ananas und Orange klein schneiden.

Zitronensaft und Honig hinzufügen und Haferflocken daruntermischen.

➤ *Je Portion 215 kcal/900 kJ*

Von Schinkenbrot bis Müsli: Abwechslung auch beim Frühstücken trägt zu einer ausgewogenen Ernährung bei und bringt »Gaumenspaß«.

FRÜCHTE-DICKMILCH MIT ANANAS

1 kleiner Apfel • 1 Scheibe Ananas • 25 g Johannisbeeren oder andere Beeren, je nach Saison • 1/2 Banane • 2 EL Ballaststoff-Müsli • 6 EL Dickmilch

Apfel in dünne Scheiben schneiden, die Ananas klein würfeln. Die Beeren von den Stielen zupfen, je nach Beerenart die Beeren eventuell kleinschneiden oder zerdrücken. Die Banane in Scheiben schneiden. Früchte mit dem Müsli mischen und die Dickmilch darüber geben.

➤ *Je Portion 298 kcal/1247 kJ*

Sie können auch Kefir anstelle von Dickmilch verwenden, was den frischen Geschmack noch mehr betont.

FITNESS-MÜSLI MIT ANANAS

1 Scheibe Ananas • 1/2 Banane • 2 EL kernige Haferflocken • 125 ml fettarme frische Milch (1,5% Fett) • 1 EL gehackte Haselnüsse

Ananas würfeln, Banane mit einer Gabel zerdrücken.
Haferflocken und Milch mit dem Obst vermischen.
Haselnüsse darüber streuen.

➤ *Je Portion 275 kcal/1150 kJ*

ANANAS-SAUERKRAUT-FRÜHSTÜCK (ROHKOST)

1 Scheibe Ananas (ca. 150 g) • 150 g frisches Sauerkraut • 1 TL Maiskeimöl • 1 kleine Karotte

Ananas schälen, in Stücke schneiden und am Tellerrand anrichten. Das Sauerkraut mit einer Gabel zerpflücken, auf dem Teller anrichten und mit dem Öl beträufeln.
Die Karotte schälen und in Streifen über das Sauerkraut hobeln.

➤ *Je Portion 152 kcal/636 kJ*

Sauerkraut enthält u. a. das wertvolle Vitamin B12, das für viele Stoffwechselvorgänge wichtig ist.

ANANAS-QUARK-MÜSLI

125 g Quark (20% F. i. Tr.) • Mineralwasser, magnesiumreich • 1 Scheibe Ananas • 2 EL Bircher-Müsli

Quark mit Mineralwasser und Bircher-Müsli verrühren.
Ananas kleinschneiden und dazugeben.

➤ *Je Portion 221 kcal/925 kJ*

Ein leichter Start in den Tag, der es in sich hat: Ananas & Co. versüßen vitaminreich das Frühstück.

FRISCHKORNMÜSLI MIT ANANAS

2 EL geschroteter Weizen • 3 EL Buttermilch • 2 EL fettarme Milch • 1 Scheibe Ananas • 1 EL gehackte Haselnüsse • Ananassaft (nach Belieben)

1 Getreide mit der Buttermilch verrühren und einige Stunden im Kühlschrank quellen lassen. Anschließend die Milch hinzufügen.

2 Ananas kleinschneiden und mit den Nüssen zu dem Getreidebrei geben. Evtl. mit etwas Ananassaft nachsüßen.

➤ *Je Portion 300 kcal/1255 kJ*

PORRIDGE MIT ANANAS UND BEEREN

Gekochte Haferflocken bieten sich besonders als Frühstück an für alle, die mit Magenproblemen zu kämpfen haben.

3 EL Haferflocken • 250 ml Wasser • 1 Gewürznelke • 1 Scheibe Ananas • 25 g Beeren (nach Saison) • 1 Prise Salz und Zucker • 100 ml fettarme Milch

1 Haferflocken mit Wasser und der Gewürznelke einmal kurz aufkochen, dann bei milder Hitze 15 Minuten ausquellen lassen. Anschließend die Nelke entfernen.

2 Ananas kleinschneiden und die Beeren putzen. Porridge in einen Teller füllen, mit Salz und Zucker abschmecken, die erwärmte Milch darübergießen und die Früchte dazugeben.

➤ *Je Portion 240 kcal/1004 kJ*

Warme Hauptmahlzeiten für mittags und abends

In diesem Kapitel werden leckere Rezepte für Hauptmahlzeiten angeboten, die Sie entweder am Mittag oder am Abend einnehmen können. Wer berufstätig ist, nimmt sich für den Mittag womöglich lieber einen Salat oder ein anderes einfaches Gericht mit ins Büro. Anregungen dafür finden Sie im nächsten Kapitel. Für Raffiniertes ist dann am Abend Zeit.

Bei Kartoffeln aus biologischem Anbau kann man die Schale mitessen.

PELLKARTOFFELN MIT KRÄUTERQUARK

3 mittelgroße Biokartoffeln • 125 g Magerquark (1/2 Päckchen) • 1 TL Sonnenblumenöl • 1 TL Zitronensaft • 1 Gewürzgurke • 1 Zwiebel • Schnittlauch, Dill, Petersilie, Kresse • Jodiertes Meersalz, Pfeffer, Paprika

1 Kartoffeln bürsten und in Salzwasser weichkochen.
2 Quark mit Öl, Zitronensaft und 1 EL Wasser glattrühren.
3 Gewürzgurke, Zwiebel und Kräuter fein hacken und unter den Quark mischen.
4 Mit den Gewürzen abschmecken.
➤ *Je Portion 283 kcal/1184 kJ*

Kräuterquark ist die ideale Ergänzung zu Pellkartoffeln.

Zucchini aktivieren den Zellstoffwechsel, wirken entwässernd und ausschwemmend und tragen zur Entsäuerung bei.

KARTOFFEL-KÄSE-AUFLAUF

2 mittelgroße Biokartoffeln • 1 kleine Zucchini • 30 g Schafskäse • 1 gestrichener TL Maisstärke (Mondamin) • 50 ml Gemüsebrühe • (frisch oder Instant) • Pfeffer, jodiertes Meersalz, Thymian • 50 ml fettarme Milch • 1/2 TL Öl (zum Ausstreichen der Form)

1 Kartoffeln schälen und mit den Zucchini in möglichst dünne Scheiben schneiden. In eine gefettete Auflaufform füllen. Schafskäse in kleine Würfel schneiden und unter die Kartoffeln und die Zucchinischeiben legen.

2 Maisstärke in der Gemüsebrühe auflösen, die Gewürze dazugeben und mit der Milch verrühren. Über den Auflauf gießen.

3 Im Backofen bei 220 Grad etwa 50 Minuten backen.

➤ *Je Portion 258 kcal/1080 kJ*

KRÄUTEROMELETT MIT SPARGEL

150 g grüner Spargel • 2 Eier • 3 EL Milch • weißer Pfeffer, jodiertes Meersalz • frische Petersilie und Kerbel (nach Belieben) • 1 TL Butter

1 Spargel schälen, in mundgerechte Stücke schneiden und in Salzwasser zehn bis zwölf Minuten garen.

2 Eier und Milch verquirlen, mit Salz und Pfeffer würzen. Kräuter hacken und untermischen. In einer beschichteten Pfanne mit wenig Fett backen.

3 Omelett auf einem Teller anrichten und mit den Spargelstücken füllen.

➤ *Je Portion 275 kcal/1150 kJ*

Kartoffeln möglichst nur »geizig« schälen: Viele der wertvollen Stoffe sitzen direkt unter der Schale.

BUNTE KARTOFFELPFANNE MIT SCHINKEN

2 mittelgroße Biokartoffeln • 2 Frühlingszwiebeln • 1/2 rote Paprikaschote • 1 TL Butter • 1 Knoblauchzehe • 30 g gekochter Schinken • 125 ml Gemüsebrühe (frisch oder Instant) • Jodiertes Meersalz, Pfeffer, Paprika edelsüß • Schnittlauch (nach Belieben)

1 Kartoffeln in der Schale fast gar kochen. Kochwasser abgießen, Kartoffeln schälen und in Würfel schneiden.

2 Frühlingszwiebeln in Ringe schneiden, Paprika würfeln und zusammen in einer großen Pfanne mit der Butter andünsten.
3 Knoblauchzehe fein hacken und dazugeben.
4 Schinken in feine Streifen schneiden und mit den Kartoffeln zu dem Gemüse geben. Die Gemüsebrühe hinzugießen, mit Salz, Pfeffer und Paprika abschmecken. 15 Minuten bei milder Hitze im geschlossenen Topf ziehen. Mit Schnittlauch garnieren.
➤ *Je Portion 226 kcal/945 kJ*

Gemüse wie Paprika wirklich nur so andünsten, dass es noch leicht knackig ist: Umso mehr Vitamine bleiben trotz des Erhitzens erhalten.

SPAGHETTI BOLOGNESE

5 g Steinpilze • 1 kleine Karotte • 1 kleine Stange Staudensellerie • 1 kleine Zwiebel • 1 Knoblauchzehe • glatte Petersilie (nach Belieben) • 1 TL Sonnenblumenöl • 60 g Hackfleisch (Rind) • 50 g pürierte Tomaten (Fertigprodukt) • 1 TL Tomatenmark • jodiertes Meersalz, Pfeffer, Muskatnuss, 1 Prise Zucker • 50 g Spaghetti

1 Steinpilze in etwas lauwarmem Wasser einweichen.
2 Möhren schälen und in Scheiben schneiden. Sellerie in Stücke schneiden. Zwiebel und Knoblauch fein würfeln. Petersilienblätter abzupfen. Das ganze Gemüse auf einem Brett fein hacken.
3 Öl in einem Topf erhitzen, das feingehackte Gemüse dazugeben und unter Rühren einige Minuten andünsten. Das Hackfleisch dazugeben und unter Rühren anbraten, bis es gar ist. Mit Tomatenpüree und etwas Wasser ablöschen, dann Tomatenmark und Gewürze dazugeben.
4 Die Steinpilze kleinschneiden, hinzufügen. Die Sauce bei milder Hitze noch ca. 20 bis 30 Minuten ziehen lassen.
5 Die Spaghetti in kochendem Salzwasser bissfest garen.
➤ *Je Portion 450 kcal/1882 kJ*

Der Dauerbrenner aus Italien enthält nur wenig Fett.

Ein- bis zweimal wöchentlich sollte Fisch auf Ihrem Speiseplan stehen, wobei Hochseefische reicher an Jod und ungesättigten Fettsäuren, so genannten Omega-3-Fettsäuren, sind als Süßwasserfische.

GEGRILLTE FORELLE MIT SALAT

1 mittelgroße Forelle • Zitronensaft, frisch gepresst • Jodiertes Meersalz, Pfeffer • 2 Tomaten • 1 gehäufter TL Parmesan, gerieben • Blattsalat nach Wahl, z. B. Endivie, mit Ananas-Dressing • Fett für die Form

1 Forelle waschen. Innen und außen mit Zitronensaft einreiben, salzen und pfeffern. Mehrmals einstechen, damit der Fisch gleichmäßig gart. Anschließend in eine gefettete Form legen.

2 Tomaten waschen, kreuzweise einschneiden, mit Parmesan füllen und in die Form setzen.

3 Im vorgeheizten Backofen unter den Grill schieben und ca. 12 bis 15 Minuten grillen. Zwischendurch den Fisch einmal wenden. Mit Salat anrichten.

➤ *Je Portion 430 kcal/1800 kJ*

Grünkern ist nichts anderes als unreifer Dinkel. Er hat einen hohen Nährwert und zeichnet sich durch seinen Eisen- und Phosphat-Gehalt aus.

GRÜNKERNBRATLINGE AUF SPINAT

1 kleine Zwiebel • 2 TL Sonnenblumenöl • Jodiertes Meersalz, Pfeffer, Curry, Paprika • 30 g Grünkernschrot • 125 ml Gemüsebrühe (frisch oder Instant) • 1 Lorbeerblatt • 20 g geriebener Gouda (30 % F. i. Tr.) • 2 EL Hefeflocken • 10 g Semmelbrösel (aus Vollkornbrötchen) • 1 Ei • 150 g frischer Spinat • 1 Knoblauchzehe • Jodiertes Meersalz, Pfeffer, Muskat

1 Zwiebel fein würfeln. Die Hälfte der Zwiebeln im Öl andünsten. Curry- und Paprikapulver unterrühren und kurz mitdünsten. Grünkernschrot, heiße Gemüsebrühe, Lorbeerblatt und Salz dazugeben. Aufkochen und ca. zehn Minuten quellen lassen, dann abkühlen lassen. Lorbeerblatt entfernen.

2 Käse, Hefeflocken, Semmelbrösel und das verquirlte Ei untereinander kneten und kleine, flache Bratlinge formen. In Öl von beiden Seiten goldbraun braten.

3 In der Zwischenzeit Blattspinat blanchieren.

4 Knoblauch fein hacken, mit den restlichen Zwiebelwürfeln andünsten und zum Spinat geben. Mit Salz, Pfeffer und Muskat abschmecken. Grünkernbratlinge auf dem Spinat anrichten.

➤ *Je Portion 375 kcal, 1570 kJ*

Folienkartoffeln behalten ihr volles Aroma.

FOLIENKARTOFFELN MIT KRÄUTERCREME

1 große Kartoffel • Öl für die Folie • 100 g Magerquark • 1 EL saure Sahne (10 % F.) • Jodiertes Meersalz, schwarzer Pfeffer, Paprikapulver, edelsüß • 1 Bund frische Kräuter nach Wahl: glatte Petersilie, Kerbel, Schnittlauch • Blattsalat mit Ananas-Dressing

1 Kartoffeln waschen, trocknen, mehrmals einstechen und in eine leicht geölte Alufolie einwickeln. Bei 200 Grad im Backofen ca. 50 Minuten garen.

2 Quark mit saurer Sahne verrühren und mit Salz, Pfeffer und Paprika würzen. Kräuter fein hacken und drei viertel der Menge unter den Quark ziehen.

3 Kartoffeln auswickeln und kreuzweise einschneiden. Mit der Quarkcreme füllen und den übrigen Kräutern bestreuen. Dazu passt Salat. Ideal als leichtes Abendessen.

➤ *Je Portion 250 kcal/1046 kJ*

Tipp: Eine ganz wichtige Voraussetzung, um dauerhaft schlank zu bleiben ist, dass Sie ausreichend trinken – mindestens eineinhalb Liter Wasser und Tee über den Tag verteilt. Damit werden alle Körperzellen gut durchgespült und belastende Stoffe ausgeschieden.

Kartoffeln in der Folie gegart – eine absolut fettfreie Variante der »Erdapfel«-Küche.

Für alle Nudelgerichte können Sie auch Vollkornnudeln verwenden. Sie brauchen evtl. etwas länger, bis sie bissfest sind.

Nudeln sind keine Dickmacher

Nudeln gehören zu den besten Kohlenhydratlieferanten. Neuen Untersuchungen zufolge besteht erst ab einer (kaum erreichbaren) Menge von 800 Gramm Nudeln pro Mahlzeit die Gefahr, dass der Körper die darin enthaltenen Kohlenhydrate in Fettpolster umwandelt. Dagegen können sie zur Reduzierung des Körpergewichts beitragen, weil Heißhungerattacken gestoppt werden und keine Hungergefühle auftreten.

SPAGHETTI MIT RUCOLA

100 g Vollkornspaghetti • 1 Bund Rucola • 1 Knoblauchzehe • 2 TL Sonnenblumenöl • 1 Prise Salz, Pfeffer

1 Spaghetti in leicht gesalzenem Wasser in ca. acht bis neun Minuten »al dente«, d. h. bissfest kochen.

2 Rucola grob hacken, Knoblauch klein schneiden und beides in dem erhitzten Öl kurz schwenken, mit Salz und Pfeffer abschmecken und über die Spaghetti geben.

➤ *Je Portion 441 kcal/1845 kJ*

SPAGHETTI AGLIO E OLIO (SPAGHETTI MIT ÖL UND KNOBLAUCH)

Olivenöl besitzt sehr viel Eigenaroma: Machen Sie sich das bei Ihrer Zutaten- und Würzauswahl zu Nutze.

100 g Spaghetti • 1 grüne Peperoni • Petersilie, glattblättrig • 1 Knoblauchzehe • 2 TL Olivenöl, kalt gepresst • Salz, Pfeffer

1 Spaghetti in leicht gesalzenem Wasser in ca. acht Minuten bissfest kochen.

2 In der Zwischenzeit Peperoni längs aufschneiden, Kerne herausschaben, in hauchdünne Ringe schneiden und diese nochmals würfeln.

3 Petersilie fein hacken und Knoblauch sehr fein hacken.

4 Olivenöl bei milder Hitze erwärmen. Knoblauch unter Rühren hell andünsten. Peperoni-Stückchen und Petersilie unterrühren und das Öl sofort über die heißen Spaghetti geben. Mit Salz und Pfeffer abschmecken.

➤ *Je Portion 428 kcal/1790 kJ*

NUDELN MIT ITALIENISCHER TOMATENSAUCE

100 g Nudeln (z. B. Penne) • 2 reife Fleischtomaten • 1 Frühlingszwiebel • 1 Knoblauchzehe • 2 TL Olivenöl • 5 grüne Oliven • Jodiertes Meersalz • Pfeffer • 1 Lorbeerblatt • 1 Chilischote • Basilikum, frisch

Das Angebot an Nudelsorten ist so reichhaltig, dass Ihnen Abwechslung bei Nudelgerichten nicht schwer fallen dürfte.

1 Die Nudeln in leicht gesalzenem Wasser in ca. acht Minuten bissfest kochen.

2 Tomaten überbrühen, häuten und entkernen, und grob zerschneiden.

3 Frühlingszwiebel und Knoblauch fein hacken.

4 Das Öl erhitzen und die Zwiebel und den Knoblauch andünsten, dann die Tomaten zufügen und kurz aufkochen. Anschließend die Oliven hinzufügen.

5 Lorbeerblatt, Oregano und Chilischote dazugeben. Die Sauce zugedeckt bei milder Hitze 15 Minuten leise köcheln lassen, mit Salz und Pfeffer abschmecken. Lorbeerblatt und Chilischote herausfischen.

6 Basilikum fein schneiden und unter die Sauce mischen.

Tipp: Kaufen Sie bevorzugt Nudeln aus reinem Hartweizen und ohne Eier. Sie sind für die schlanke Linie und die Gesundheit am besten.

➤ *Je Portion 490 kcal/2050 kJ*

KARTOFFELSUPPE MIT MANGOLD

1 kleine Zwiebel • 1 kleine Karotte • 1 kleines Stück Knollensellerie (ca. 50 g) • 3 mittelgroße Biokartoffeln • 150 g Mangold • 1 Knoblauchzehe • 2 TL Sonnenblumenöl • 300 ml Gemüsebrühe • Jodiertes Meersalz, Pfeffer, Muskatnuss, Majoran • 1 EL saure Sahne

Gute und wertvolle Instant-Gemüsebrühe kaufen Sie am besten im Reformhaus.

1 Die Zwiebel und die Karotte klein schneiden, die geschälte Sellerie und die Kartoffeln fein würfeln, den Mangold in feine Streifen schneiden.

2 Zwiebel und zerdrückten Knoblauch in Öl andünsten. Karotten, Sellerie, und Kartoffeln dazugeben und mit anschwitzen.

3 Gemüsebrühe angießen, würzen und Gemüse gar kochen.

4 Suppe abschmecken, Mangoldstreifen dazugeben, kurz aufkochen und in Tassen füllen. Mit saurer Sahne garnieren.

➤ *Je Portion 304 kcal/1272 kJ*

BUNTE GEMÜSEPFANNE MIT TOFU

2 Kartoffeln (à 80 g) • 1 Karotte • 1/2 kleine Zucchini (ca. 50 g) • 1 Stück Lauch (ca. 30 g) • 1/4 rote Paprikaschote • 1 TL Maiskeimöl • 100 g Tofu • Jodiertes Meersalz, Pfeffer • 1 TL Ananasessig • Petersilie, Schnittlauch, Worchestersauce, 1 Msp. Galgant • 50 g Champignons • 1 TL Butter

1 Kartoffeln in der Schale kochen.

2 Karotte, Zucchini, Lauch und Paprikaschote in sehr feine Streifen schneiden und in dem Öl anschwitzen.

3 Tofu in kleine Würfel schneiden und separat drei Minuten unter ständigem Rühren bräunen. Gemüse und Tofu mischen und mit Salz und Pfeffer würzen.

Ananasessig können Sie leicht selber herstellen: aus Apfelessig und dem Fruchtbrei, der nach dem Entsaften der Ananas übrigbleibt.

4 Ananasessig und die Kräuter zu dem Gemüse geben und abschmecken.

5 Gekochte Kartoffeln in Scheiben schneiden, Gemüse darübergeben und warm stellen.

6 Champignons in Scheiben schneiden, in der Butter andünsten und mit der Kartoffel-Gemüse-Mischung anrichten.

➤ *Je Portion 386 kcal/1615 kJ*

SEELACHSFILET MIT ANANAS

150 g Seelachsfilet • 2 Schalotten • 1 TL Butter • Jodiertes Meersalz, weißer Pfeffer • 1 EL Zitronensaft • 125 ml Gemüsebrühe (frisch oder Instant) • 1 Scheibe Ananas • 1 TL Maismehl • 1/2 TL Currypulver • 2 TL Kaffeemilch (7,5% Fett) • 30 g Reis

1 Fischfilet waschen, Schalotten schälen und fein schneiden.

2 In einer Pfanne Schalotten in der Butter anschwitzen. Den Fisch mit Salz, Pfeffer und Zitronensaft würzen und auf die Schalotten legen.

3 Gemüsebrühe aufgießen, die Flüssigkeit vorsichtig erhitzen, jedoch nicht kochen lassen. Den Fisch zugedeckt sechs bis zehn

Minuten bei kleiner Hitze garziehen lassen, aus dem Sud nehmen und zugedeckt warmstellen.

4 In der Zwischenzeit den Reis in leicht gesalzenem Wasser ca. 15 Minuten garen.

5 Den Sud so lange kochen, bis er sich auf die Hälfte des ursprünglichen Volumens verringert hat; Curry und Kaffeemilch hinzufügen, mit Salz und Pfeffer abschmecken.

6 1/2 EL Butter in einer Pfanne erhitzen. Die Ananasscheibe leicht in Mehl wenden und anschließend in der Butter erhitzen, bis sie goldbraun ist.

7 Das Seelachsfilet zusammen mit den Ananasscheiben und dem Reis anrichten und den Fisch oder alles mit der Currysauce übergießen.

➤ *Je Portion 375 kcal/1569 kJ*

Naturreis oder unpolierter Reis benötigt zwar eine längere Garzeit, besitzt aber noch alle Mineralien und Vitamine, die direkt unter der Schale sitzen.

HÜHNERCURRY MIT ANANAS

1 Hähnchenbrustfilet (ca. 125 g) • 2 Frühlingszwiebeln • 1 Fleischtomate • 1 Scheibe Ananas • 1 TL Butter • Jodiertes Meersalz, weißer Pfeffer, Curry • 250 ml Geflügelbrühe (frisch oder Instant) • 1 TL Zitronensaft • 30 g Naturreis

1 Hähnchenfleisch waschen und in Streifen schneiden.

2 Frühlingszwiebeln in feine Ringe schneiden.

3 Tomate heiß überbrühen, häuten und würfeln.

4 Die Ananasscheibe in Spalten schneiden.

5 In der Zwischenzeit den Reis in leicht gesalzenem Wasser ca. 15 Minuten garen.

6 Butter erhitzen und das Fleisch von allen Seiten etwa vier Minuten anbraten.

7 Die Hitze zurückschalten, Curry, die Zwiebeln und die Tomatenwürfel dazufügen und etwa eine Minute lang mitbraten.

8 Die Geflügelbrühe nach und nach dazugießen, fünf Minuten köcheln lassen.

9 Dann die Ananas dazugeben. Mit Zitronensaft und etwas Salz abschmecken.

➤ *Je Portion 513 kcal/2146 kJ*

Reis gehört zur Grundausstattung Ihrer Speisekammer.

FISCH MIT TOMATENREIS

1 Schalotte • 2 TL Sonnenblumenöl • 50 g Naturreis • 125 ml Gemüsebrühe • 2 Tomaten • 150 g Kabeljaufilet • 1 Prise Salz, weißer Pfeffer, 1 Lorbeerblatt • 2 TL Kaffeemilch (7,5% Fett)

1 Schalotte klein schneiden, mit dem Reis in Öl andünsten, bis der Reis glasig wird.

2 Mit Gemüsebrühe aufgießen, Lorbeerblatt dazugeben.

3 Tomaten würfeln, Fisch in Stücke schneiden und nach der Hälfte der Garzeit dazugeben.

4 Mit den Gewürzen und Kaffeemilch geschmacklich abrunden.

➤ *Je Portion 394 kcal/1648 kJ*

PUTE MIT ANANAS UND SELLERIE

Putenschnitzel ist leichter bekömmlich als anderes Fleisch – dennoch sollten Sie es nur ein- bis zweimal pro Woche essen.

50 g Naturreis • 1 Putenschnitzel (ca. 125 g) • 2 TL Distelöl • Jodiertes Meersalz, weißer Pfeffer • 100 g Staudensellerie • 1 Scheibe Ananas • 1 EL Ananassaft • 1 EL Sojasauce

1 Reis in leicht gesalzenem Wasser ca. 15 bis 20 Minuten garen.

2 Putenfilet in Streifen schneiden, in Öl anbraten, würzen.

3 Staudensellerie und Ananas in Stücke schneiden und Ananassaft und Sojasauce zufügen, alles kurz dünsten.

➤ *Je Portion 478 kcal/2000 kJ*

Ob als Schnitzel oder als Geschnetzeltes: Putenfleisch ist schnell zubereitet und sehr bekömmlich.

ANANAS-CURRYREIS

50 g Naturreis • Curry • 1 TL Rosinen • 1 Scheibe Ananas • 1 hartgekochtes Ei • 30 g geriebener Emmenthaler

1 Reis in leicht gesalzenem Wasser ca. 15 bis 20 Minuten garen.

2 Rosinen kleinschneiden und zu dem gekochten Reis geben. Mit Curry würzen.

3 Ananas würfeln und mit dem Reis in eine kleine feuerfeste Form geben.

4 Mit dem in Scheiben geschnittenen Ei belegen, darüber den Käse streuen.

5 Im Ofen überbacken, bis der Käse geschmolzen ist.

➤ *Je Portion 468 kcal/1958 kJ*

ANANAS-SAUERKRAUT MIT PUTENSCHNITZEL

1 Scheibe Ananas (ca. 150 g) • 200 g frisches Sauerkraut • 1 Putenschnitzel (ca. 125 g) • 1 TL Sonnenblumenöl • Jodiertes Meersalz, weißer Pfeffer

1 Ananas sehr fein würfeln und zusammen mit dem Sauerkraut vorsichtig erhitzen.

2 Putenschnitzel in wenig Öl braten.

3 Mit Salz und Pfeffer würzen und zusammen mit dem Ananas-Sauerkraut anrichten.

➤ *Je Portion 298 kcal/1247 kJ*

Sauerkraut fördert die Verdauung, senkt den Blutdruck und hilft Galle und Leber bei der Fettverdauung.

ANANAS-SAUERKRAUT MIT KARTOFFELN

1 kleine Zwiebel • 2 TL Distelöl • 150 g Sauerkraut • 1 Scheibe Ananas • 1 TL Ananassaft • 1 EL Ananasessig • Salz • 3 mittelgroße Biokartoffeln

1 Zwiebel kleinschneiden und in Öl andünsten. Das Sauerkraut kurz mitdünsten.

2 Die kleingeschnittene Ananas dazugeben, mit Saft und Ananasessig auffüllen und zehn Minuten sanft köcheln. Mit Salz abschmecken.

3 In der Zwischenzeit Kartoffeln in der Schale dämpfen.

➤ *Je Portion 340 kcal/1422 kJ*

CHINAPFANNE: SCHWEINEFLEISCH SÜSS-SAUER

1 Schweineschnitzel (ca. 125 g) • 2 TL Sonnenblumenöl • Salz, Pfeffer • 1–2 EL Ananassaft • 1–2 EL Apfelessig • 1 EL Tomatenmark • 1 EL Sojasauce • 1 TL Maismehl • 1 Scheibe Ananas (ca. 150 g) • 30 g Naturreis

Die süße Note in diesem Gericht liefert der süße Ananassaft.

1 Schweinefleisch in kleine Würfel schneiden, in Öl anbraten und mit Salz und Pfeffer abschmecken.

2 Ananassaft, Apfelessig, Tomatenmark und Sojasauce mischen. Das Maismehl mit 1 EL Wasser verrühren und zu der Mischung hinzufügen.

3 Die Sauce zum Köcheln bringen, die Ananasstücke hineinlegen und fünf Minuten durchziehen lassen. Zum Schluss die gebratenen Fleischstückchen dazugeben.

4 In der Zwischenzeit den Reis in leicht gesalzenem Wasser ca. 15 bis 20 Minuten lang garen.

➤ *Je Portion 448 kcal/1874 kJ*

CHINESISCHER GEMÜSETOPF

1 Zwiebel • 1/2 grüne oder rote Paprikaschote • 1 Karotte • 1 Stange Staudensellerie • 50 g Champignons • 2 TL Sesamöl • 1 Knoblauchzehe • 1 Scheibe Ananas (ca. 150 g) • 1 TL Ingwer, frisch gerieben • 1 Msp. Galgant • 60 g Sojabohnenkeime • 1 EL Sojasauce • Salz, Pfeffer • 30 g Naturreis

Wer zu Allergien neigt, sollte mit Sellerie in Rezepten vorsichtig umgehen: Die häufigste Nahrungsmittelallergie wird durch Sellerie ausgelöst.

1 Zwiebel in feine Ringe, Karotte und Paprika in feine Streifen und Sellerie in Scheiben schneiden. Pilze in feine Scheiben schneiden, Knoblauch fein hacken, Ananas würfeln.

2 Öl im Wok oder in einer tiefen Pfanne erhitzen und Zwiebel, Karotte, Paprika, Sellerie, Ingwer und Galgant unter ständigem Rühren fünf Minuten anbraten.

3 Knoblauch, Pilze, Sojabohnenkeimlinge und Ananas dazugeben und weitere zwei Minuten braten. Mit Salz, Pfeffer und Sojasauce würzen.

4 In der Zwischenzeit den Reis in leicht gesalzenem Wasser 15 bis 20 Minuten garen.

➤ *Je Portion 374 kcal/1565 kJ*

Kochen im Wok oder Pfannenrühren

Kochen im Wok ist ideal, denn das schnelle Garen schont nicht nur alle Inhaltsstoffe, sondern schützt auch den Geschmack der frischen Zutaten. Der Original-Wok, eine gusseiserne große Pfanne, hat einen runden Boden. Daher genügt ein Minimum an Öl, um Anbrennen beim Garen zu vermeiden. Für den Anfang reicht auch eine Pfanne mit hohem Rand.

RINDFLEISCH IM WOK

100 g Rinderfilet • Je 1/2 rote und grüne Paprikaschote • 1 Frühlingszwiebel • 1 Stange Staudensellerie • 1 Knoblauchzehe • 50 g Austernpilze (oder Champignons) • 1 Stück Ingwer (ca. 1 cm) • 2 TL Sesamöl • 1 EL Sojasauce • Salz und Pfeffer • 30 g Reis

1 Rindfleisch in Streifen schneiden. Paprika in Streifen, Zwiebel in Ringe, Staudensellerie in feine Scheiben schneiden, Knoblauch fein hacken, Pilze in kleine Scheiben schneiden. Ingwer schälen und raspeln.

2 Öl im Wok oder in einer Pfanne mit hohem Rand erhitzen und das Fleisch durchbraten. Gemüse dazugeben und unter ständigem Rühren knackig anbraten.

3 Mit Sojasauce ablöschen, unter Rühren weitere zwei bis drei Minuten garen.

4 Reis in leicht gesalzenem Wasser ca. 15 bis 20 Minuten garen.

➤ *Je Portion 373 kcal/1560 kJ*

Nicht nur Geschmack und Geruch beeinflussen unser »Esserlebnis«: Durch die bunte Paprika spricht dieses Gericht auch das Auge an.

HUHN HAWAII

1 Hähnchenbrustfilet (125 g) • 2 TL Sonnenblumenöl • Jodiertes Meersalz, Pfeffer, Paprika • 1 EL Ananassaft • 1 TL Maisstärke • 1 EL Sojasauce • 1 EL Apfelessig • 1 Prise Zucker • 1/2 TL Ingwer-Pulver • 1 Scheibe Ananas • 1 grüne Paprikaschote, in Streifen geschnitten

1 Hähnchenbrustfilet in Öl anbraten, mit Paprika, Salz und Pfeffer würzen.

2 Ananassaft mit dem Stärkemehl verrühren.

3 Sojasauce, Apfelessig, Zucker und Ingwer dazugeben und fünf Minuten kochen lassen, bis die Flüssigkeit klar wird.

4 Paprikastreifen und Ananasstücke dazugeben und fünf Minuten weiterkochen.

5 Die Sauce über das Fleisch gießen und zugedeckt auf abgeschalteter Flamme drei Minuten ziehen lassen.

➤ *Je Portion 468 kcal/1958 kJ*

RATATOUILLE

Wenn Sie nicht ein ganzes Baguette kaufen wollen, ist auch ein krosses Weizenbrötchen ein guter Ersatz.

1 Zucchini • Je 1/2 gelbe und rote Paparikaschote • 2 TL Olivenöl • 1 Zwiebel • 1 Knoblauchzehe • 1 kleine Aubergine • 1 kleine Tomate • Petersilie • Oregano • Salz, Pfeffer • 1 Stück Baguette (40 g)

1 Gemüse in Würfel schneiden

2 Öl erhitzen, Zwiebel anschwitzen, Zucchini, Paprika und Knoblauch dazugeben und drei Minuten dünsten.

3 Aubergine, Tomate, Kräuter und Gewürze in den Topf geben. Aufkochen und im geschlossenen Topf in 15 Minuten gar kochen.

4 Dazu ein Stück Baguette servieren.

➤ *Je Portion 300 kcal/1255 kJ*

Ratatouille ist ein ideales Sommergericht: besonders als leichtes Abendessen.

CHICORÉE-ANANAS-AUFLAUF

2 Chicorée • Salz • 2 Scheiben Ananas • 2 Scheiben gekochter Schinken ohne Fettrand (50 g) • Öl für die Form • 1 Scheibe Emmenthaler (30 g, 45% F. i. Tr.)

1 Chicorée halbieren, den bitteren Innenkern herausschneiden. Salzwasser zum Kochen bringen, den Chicorée in das Salzwasser geben und fünf Minuten blanchieren.

2 Mit den Schinkenscheiben umwickeln, in eine geölte Auflaufform legen.

3 Mit den Ananasscheiben belegen und dem geriebenen Käse bestreuen.

4 Im vorgeheizten Backofen bei 200 Grad (Gas Stufe 3) 20 bis 25 Minuten überbacken.

➤ *Je Portion 295 kcal/1234 kJ*

Blanchieren bedeutet, das Gemüse kurz mit heißem Wasser zu überbrühen und so vorzugaren.

ZUCCHINI-CHAMPIGNON-EINTOPF

100 g Champignons • 1 mittelgroße Biokartoffel • 1/2 Zwiebel • 2 TL Sonnenblumenöl • 250 ml Hühnerbrühe (Instant) • 125 g Zucchini • 30 g gekochter Schinken (ohne Fettrand) • 1 bis 2 TL Ananasessig • frische Kräuter

1 Champignons putzen und halbieren. Die Kartoffel schälen und in Scheiben schneiden.

2 Die Zwiebel in feine Würfel schneiden und in Öl andünsten, bis sie glasig sind.

3 Die Kartoffel und Champignons dazugeben und ebenfalls andünsten. Mit der Brühe auffüllen und zugedeckt 15 Minuten schwach köcheln.

4 Zucchini waschen und in Scheiben schneiden, nach 15 Minuten Garzeit in die Suppe geben und weitere zehn Minuten schwach kochen lassen.

5 Schinken in feine Streifen schneiden und in der Suppe heiß werden lassen.

6 Zum Schluss den Ananasessig unterrühren und nach Geschmack mit frischen Kräutern bestreuen.

➤ *Je Portion 282 kcal/1180 kJ*

Vorsicht! Pilzgerichte nicht wieder aufwärmen, da sich das reichlich enthaltene Nitrat dabei in Nitrit umwandeln kann. Nitrit wird leicht zu Nitrosamin – eine krebsfördernde Substanz.

WARMER ANANAS-DINKEL-SALAT

50 g Dinkel • Gemüsebrühe (Instant oder frisch) • 1 EL Zitronensaft • 1 TL Sonnenblumenöl • Senf, Salz, 1 Msp. Galgant • 1 kleiner Apfel • 1 kleine Karotte • 1 Scheibe Ananas • 1/2 Stange Lauch • 1/2 Zwiebel • Petersilie

Dinkel enthält neben wertvollem Eiweiß und ungesättigten Fettsäuren eine Vielzahl von Mineralien und Vitaminen.

1 Dinkel im Wasser über Nacht einweichen.

2 Die Gemüsebrühe dazugeben und ca. 40 Minuten lang bei kleiner Hitze kochen lassen.

3 Aus Zitronensaft, Öl, Senf, Salz, Pfeffer und Galgant eine Sauce anrühren, mit den abgekühlten Körnern vermischen.

4 Apfel und Karotte grob raspeln, Ananas in kleine Stückchen schneiden, den Lauch in kleine Ringe schneiden, die Zwiebel grob hacken und unter den Salat heben. Mit gehackter Petersilie bestreuen.

Tipp: Mit dem Schnellkochtopf lassen sich Getreidegerichte rasch und unkompliziert zubereiten. Aufwendiges Einweichen und langes Garen entfallen: Getreide benötigt nur noch ein Viertel der sonst üblichen Kochzeit.

➤ *Je Portion 409 kcal/1711 kJ*

ROGGENRISOTTO

30 g Weizen • 30 g Roggen • Gemüsebrühe (frisch oder Instant) • 3 Schalotten • 1 TL Distelöl • Je 1/2 rote und grüne Paprikaschote • 150 g Salatgurke • Salz, Pfeffer • 1 Scheibe Gouda (30% F. i. Tr.)

Die Abkürzung F. i. Tr. beim Käse bedeutet Fett in der Trockenmasse.

1 Weizen und Roggen über Nacht in Wasser einweichen.

2 Mit der Gemüsebrühe und dem Einweichwasser 30 Minuten bei schwacher Hitze garen.

3 Schalotten schälen und in Öl andünsten. Paprika in kleine Würfel schneiden, Gurke halbieren und in Scheiben schneiden.

4 Gemüse und Getreide zu den Schalotten geben. Etwas Wasser zufügen, mit Salz und Pfeffer würzen und weitere zehn Minuten garen.

5. Käse kleinschneiden und vor dem Servieren unter das Risotto mischen.

➤ *Je Portion 358 kcal/1498 kJ*

SELLERIE MIT ANANAS ÜBERBACKEN

1/2 kleine Sellerieknolle • 1 Scheibe gekochter Schinken • 1/2 Zwiebel • 2 TL Distelöl • 1 EL geriebener Emmenthaler • 4 EL saure Sahne • 1 Scheibe Ananas • Salz, Paprika, Worchestersauce

1 Die Sellerieknollen unter fließendem Wasser abbürsten und ca. eine Stunde kochen.

2 Schinken und Zwiebel in kleine Würfel schneiden und in Öl andünsten. Käse reiben und mit der Sahne mischen.

3 Ananas in kleine Würfel schneiden. Gekochten Sellerie abkühlen lassen und in Scheiben schneiden. Mit Schinken, Zwiebeln, Ananas in eine feuerfeste Form geben, würzen und mit der Käse-Sahne-Sauce übergießen. Bei 225 Grad ca. 20 Minuten überbacken und mit Paprika bestäuben.

➤ *Je Portion 415 kcal/1736 kJ*

Salate, Suppen & Sandwiches

Vor allem Berufstätige haben am Mittag nicht die Zeit, sich eines der Gerichte aus dem vorigen Kapitel zuzubereiten. Salate, Suppen und Sandwiches lassen sich dagegen gut an den Arbeitsplatz mitnehmen und sind als leichte Mittagsmahlzeit ideal. Am besten schmeckt es, wenn Sie die Zutaten vorbereitet an den Arbeitsplatz nehmen und sich Ihr Essen dort am Mittag schnell zubereiten.

Nehmen Sie sich auch an Ihrem Arbeitsplatz Zeit zum Essen, arbeiten oder lesen Sie nicht nebenbei.

Leckere Saucen mit und ohne Ananas

ANANAS-DRESSING

1 Scheibe Ananas • 1 EL Apfelsessig • 1 kleine Frühlingszwiebel • Salz, Pfeffer • 1 EL Sonnenblumenöl • 1–2 TL Meerrettich

1 Ananas klein schneiden, dabei den Saft auffangen, ein Drittel der Fruchtstücke zurückbehalten. Die restliche Ananas und den Ananassaft mit Essig, Öl, Meerrettich und Salz im Mixer pürieren.

2 Zwiebel in feine Stücke schneiden, mit der Ananas unter die Sauce rühren und mit Salz und Pfeffer abschmecken.

Passt gut zu Kopf- und Friséesalat und Chinakohl.

➤ *Je Portion 226 kcal/945 kJ*

Tipp:
Richten Sie das Dressing gleich für mehrere Tage her, und bewahren sie es in einer getönten Flasche im Kühlschrank auf.

Tipps für die Zubereitung von Salatdressings

- Nehmen Sie vorzugsweise (selbst hergestellten) Ananasessig für die Salate. Er kurbelt Ihren Stoffwechsel an und entschlackt.
- Rühren Sie für die Sauce zuerst den Ananasessig mit dem Salz und den Gewürzen an, bis die Kristalle gelöst sind. Erst danach das Öl mit einem Schneebesen einschlagen. Mischverhältnis: Ein Teil Ananasessig und zwei Teile Pflanzenöl.
- Verwenden Sie statt Mayonnaise für Ihre Salate nur noch Jogurt oder Dickmilch (1,5% Fett). Das schmeckt frisch und lecker und spart viel Fett und Kohlenhydrate ein.

INSALATA CAPRESE MIT BASILIKUM-DRESSING

2–3 Tomaten • 1 Päckchen Mozzarella (125 g) • Salz, Pfeffer • 1 EL Olivenöl • 1 EL Essig • Frisches Basilikum

Tomaten und Mozzarella waschen und in Scheiben schneiden. Scheiben auf einem Teller anordnen, mit Salz und Pfeffer würzen, Öl darüber träufeln und mit Basilikumblättern belegen.

➤ *Je Portion 370 kcal/1548 kJ*

ARTISCHOCKE GEDIPPT À LA GUSTO

2 Artischocken (90 kcal/376 kJ) • Zitronen • Salz • Verschiedene Dipps

Stiel der Artischocken abbrechen, dann halbieren. Das »Stroh« im Inneren herausschneiden und die Schnittflächen mit Zitrone abreiben, damit sie nicht braun werden.

Übrigens: Auch als Aphrodisiakum hat sich die Artischocke einen Namen gemacht.

Artischocken in kochendem Salzwasser und mit einigen Zitronenscheiben ca. 30 Minuten garen. Die Artischocken sind gar, wenn sich die Blätter leicht herausziehen lassen.

Man zupft die Blätter ab, taucht das dickere Ende in den Dipp und zieht mit den Zähnen den fleischigen Blattansatz ab. Der Boden ist ebenfalls eine Delikatesse.

Tipp: Essen Sie so oft wie möglich Artischocke: Das Distelgemüse mit dem wertvollen Bitterstoff Cynarin stärkt Leber und Galle, regt den Gallefluss an, aktiviert damit die körpereigene Fettverdauung und beschleunigt den Fettabbau. Cynarin wirkt zudem cholesterinsenkend.

Rohkost mit verschiedenen Dipps

Nach Wahl: Karotten, Staudensellerie, Kohlrabi, Fenchel, Zucchini, Gurke, Radieschen, Paprikaschoten, in Streifen bzw. Stäbchen geschnitten.

Rohkost mit Dipps ist auch auf Partys ein Renner.

ANANAS-CURRY-DIPP

1 Scheibe Ananas (ca. 150 g) • 1/2 Apfel • 1 TL Maiskeimöl • 4 EL Magermilchjogurt • 1 EL Ananasessig • 1 TL Curry • Ingwer, Salz, Pfeffer, Senf • 3 Tropfen Tobasco

Ananas und Apfel im Mixer pürieren, Curry, Öl und Jogurt unterrühren. Mit den Gewürzen abschmecken.

➤ *Je Portion 198 kcal/828 kJ*

TOMATEN-DIPP

2 reife Tomaten • 1 kleine Gewürzgurke • 1 kleine Zwiebel • 1 Knoblauchzehe • 2 TL Olivenöl • 1 TL Zitronensaft • Jodiertes Meersalz, Pfeffer, Worchestersauce, Oregano

Tomaten heiß überbrühen, häuten, vierteln, entkernen und im Mixer pürieren.

Gewürzgurke, Zwiebel und Knoblauch sehr fein hacken, mit Öl, Zitronensaft und Oregano zu den Tomaten geben und gut vermischen. Mit den restlichen Gewürzen abschmecken.

➤ *Je Portion 103 kcal/430 kJ*

APFEL-MEERRETTICH-DIPP

1 TL Zitronensaft • 1 kleiner Apfel • 1–2 EL Meerrettich, frisch gerieben • 100 g körniger Frischkäse (Cottage Cheese) • 1 Msp. Galgant • Kräutersalz, weißer Pfeffer, Worchestersauce

Meerrettich mit Zitronensaft cremig rühren. Apfel fein reiben und mit dem Meerrettich, dem Galgant und der Worchestersauce unter den Frischkäse rühren. Mit Salz und Pfeffer abschmecken.

➤ *Je Portion 66 kcal/694 kJ*

Meerrettich ist dank des Wirkstoffs **Sinigrin** ***ein natürliches Antibiotikum.***

Fitness-Salate

Diese Salate sind schnell zubereitet und bringen Sie in Schwung.

Salate eignen sich besonders gut als Abendmahlzeit, denn sie sind leicht und belasten nicht.

KNACKIGER NUDELSALAT

100 g Farfalle (Schmetterlingsnudeln) • 1 Frühlingszwiebel • 100 g Spinat, frisch • 1 Tomate • Oregano • 1 TL Olivenöl • 1 Chilischote • 1 Knoblauchzehe • 1 Prise Salz, Pfeffer

1 Nudeln in leicht gesalzenem Wasser bissfest kochen.

2 Frühlingszwiebel fein hacken, Spinat in feine Streifen schneiden, mit der gewürfelten Tomate und Oregano zu den warmen Nudeln geben.

3 Aus Öl, Chilischote, fein gehacktem Knoblauch und Gewürzen ein Dressing rühren und mit den Nudeln vermischen. Sofort servieren.

➤ *Je Portion 440 kcal/1840 kJ*

ENDIVIENSALAT MIT ANANAS

75 g Endiviensalat • 1 Scheibe Ananas • 1/2 Banane • 1/2 Orange • 2 EL kernige Haferflocken • Sauce: Ananas-Dressing (siehe S. 79)

1 Endiviensalat in Streifen schneiden, Ananas, Banane und Orange in kleine Stücke schneiden.

2 Haferflocken in einer Pfanne ohne Fett leicht rösten.

3 Ananas-Dressing über den Salat geben und die Haferflocken darüber streuen.

➤ *Je Portion 220 kcal/920 kJ*

Rucola immer sofort verwenden: Er wird im Nu welk.

RUCOLA-SALAT FEINHERB

1 Schalotte • 1 kleine Karotte • 30 g Champignons • 1 EL Walnussessig • 1 EL Sonnenblumenöl • Salz, Pfeffer • 1 Bund Rucola

1 Schalotte fein hacken, Karotte fein raspeln und Champignons in feine Scheiben schneiden.

2 Aus Essig, Öl, Salz und Pfeffer ein Dressing rühren.

3 Die Karottenstreifen, die Schalotte und die Champignons mit den Rucola-Blättern mischen und das Dressing darübergeben.

➤ *Je Portion 140 kcal/585 kJ*

FELDSALAT MIT AUSTERNPILZEN

1 Schalotte • 50 g Austernpilze • 2 TL Sonnenblumenöl • Salz, Pfeffer • 1 EL Ananasessig • 100 g Feldsalat

1 Schalotte fein hacken und gemeinsam mit den Austernpilzen in 1/2 EL Öl anbraten, mit wenig Salz und Pfeffer würzen.

2 Aus Essig und Öl und den Gewürzen ein Dressing herstellen und vorsichtig unter den Feldsalat ziehen. Darüber die warmen Austernpilze geben.

➤ *Je Portion 140 kcal/585 kJ*

GRIECHISCHER BAUERNSALAT MIT FETA

75 g Blattsalat (z. B. Römischer Salat, Lollo Rosso) • 1/4 Salatgurke • 1 Fleischtomate • 50 g Feta • 1 Zwiebel • 4 schwarze Oliven • 2 TL Olivenöl • 1 EL Apfelessig • 1 Prise jodiertes Meersalz, Pfeffer, Petersilie, Oregano • 1/2 grüne Paprikaschote

1 Salat in mundgerechte Blätter zupfen, Salatgurke, Tomate und Feta würfeln, Zwiebel in feine Ringe schneiden. Mit den Oliven in eine Schüssel geben.

2 Aus Öl, Essig, Kräutern und Gewürzen ein Dressing rühren und mit Blattsalat und Paprika vermischen.

3 Die Fetawürfel obenauf verteilen.

➤ *Je Portion 333 kcal/1393 kJ*

Oliven sind sehr leckere Zwischendurch-Naschereien, haben aber viele Kalorien.

ANANAS-SELLERIESALAT MIT NÜSSEN

1/4 Sellerieknolle • 1 kleine Karotte • 1 Scheibe Ananas • 1 TL Zitronensaft • 1 EL Ananasessig • 2 TL Sonnenblumenöl • 1 EL Jogurt • Salz, Pfeffer, Ingwer • 1 EL gehackte Haselnüsse

1 Sellerie und Karotte fein raspeln, Ananas in kleine Würfel schneiden und mit dem Zitronensaft mischen.

2 Ananasessig mit dem Öl und dem Jogurt verrühren, mit Salz, Pfeffer und geriebenem Ingwer würzen und über den Salat geben.

3 In einer heißen Pfanne die Nüsse ohne Fett anbräunen und über den Salat geben.

➤ *Je Portion 280 kcal/1171 kJ*

Rettich wurde schon von den Ägyptern als Heilmittel gegen Infektionen und Parasiten eingesetzt.

Rettich entschlackt und macht schlank

Der Rettich gehört zu den ältesten Kulturpflanzen der Erde und ist ganzjährig erhältlich. Es gibt eine Vielzahl von Retticharten in verschiedensten Formen und Farben. Rettich ist reich an Provitamin A, Eisen, Kalium, Kalzium und Phosphor sowie den Vitaminen B und C. Seine ätherischen Öle fördern nicht nur den Gallefluss, sondern sie verhindern auch die Bildung von Gallensteinen und unterstützen die Leber bei ihrer Entgiftungsfunktion.
Wenn man den Rettich für kurze Zeit mit etwas Salz durchziehen lässt, verliert er seine Schärfe. Rettich hat nur geschlagene 25 kcal pro 200 g!

RETTICHSALAT

1 kleiner Rettich • 1 TL Salz • 2 TL Olivenöl, kaltgepresst • 1 EL Zitronensaft • Pfeffer, frisch gemahlen • 1/2 Bund Radieschen • Glatte Petersilie • 1 Scheibe Vollkornbrot • 1 TL Butter

1 Rettich schälen und in sehr dünne Scheiben schneiden, in einer Schüssel mit dem Salz bestreuen und einmal gut durchschütteln. Das sich dabei bildende Wasser nach etwa 15 Minuten abgießen, dabei den Rettich leicht pressen. Dadurch verliert er wieder den größten Teil des Salzes.

2 Den Rettich mit dem Öl und dem Zitronensaft beträufeln und mit Pfeffer würzen. Radieschen waschen, in feine Scheiben schneiden. Petersilie waschen, grob hacken und beide Zutaten zum Rettich geben. Alles einmal gut umrühren und eine halbe Stunde ziehen lassen.

3 Dazu Vollkornbrot, dünn mit Butter bestrichen, servieren.

➤ *Je Portion 230 kcal/962 kJ*

Die Gewohnheit, Brot nur dünn mit Butter zu bestreichen, sollten Sie auch nach der Vier-Wochen-Kur beibehalten.

THUNFISCHSALAT MIT SELLERIE UND ANANAS

30 g Naturreis • 2 Stangen Staudensellerie • 1 Scheibe Ananas (ca. 100 g) • 1 kleine Dose Thunfisch natur (50 g) • 1 EL Jogurt • 1 EL Ananasessig • 1 kleine Zwiebel • Salz, Pfeffer

1 Reis in leicht gesalzenem Wasser ca. 20 Minuten garen.

2 Staudensellerie in dünne Scheiben schneiden, Sellerieblätter grob hacken und beiseite stellen. Ananas in feine Würfel schneiden.
3 Thunfisch gut abtropfen lassen. In einer Schüssel den Reis mit den Ananas- und Selleriestückchen und dem Thunfisch vorsichtig vermischen.
4 Aus Jogurt, Essig, Zwiebeln und den Gewürzen ein Dressing rühren, mit dem Salat vermischen. Mit dem Selleriegrün bestreuen.
➤ *Je Portion 350 kcal/1464 kJ*

SAUERKRAUTSALAT MIT BIRNE UND ANANAS

1 EL saure Sahne (10% Fett) • 1 Msp. gemahlener Kümmel • 100 g Sauerkraut • 100 g Weißkohl • 1 Birne (ca. 150 g) • 50 g Lauch • 1 Scheibe Ananas • 2 Walnusshälften, gehackt

1 Saure Sahne mit Kümmel verrühren. Sauerkraut klein schneiden, Weißkohl mittelgrob reiben, Birne schälen, würfeln und den geputzten Lauch in feine Streifen schneiden. Die Ananas in kleine Würfel schneiden.
2 Gemüse und Obst mit der Sauce vermischen, abschmecken und mit den gehackten Nüssen verzieren.
➤ *Je Portion 253 kcal/1058 kJ*

Sauerkraut hat besonders viel Vitamin B6 und B12, die für Eiweißverwertung und Stoffwechsel wichtig sind.

FENCHELSALAT MIT ANANAS UND PAPRIKA

1 kleine Fenchelknolle • Je 1/2 rote und grüne Paprikaschote • 1 Prise jodiertes Meersalz, Selleriesalz, weißer Pfeffer • 1 Scheibe Ananas • 1 EL Ananasessig • 1 kleine Zwiebel • 2 TL Sonnenblumenöl

1 Fenchel und Paprika in feine Streifen schneiden, in kochendem Salzwasser blanchieren und abtropfen lassen. Ananas in feine Würfel schneiden.
2 Aus Ananasessig, Gewürzen, der feingehackten Zwiebel und Öl eine pikante Sauce rühren.
3 Fenchel, Ananas und Paprika dazugeben, kurz durchziehen lassen.
➤ *Je Portion 238 kcal/995 kJ*

Vor allem die grünen, äußeren Blätter des Kopfsalates enthalten viel Magnesium, welches wichtig für das Nervensystem ist.

KOPFSALAT MIT ORANGEN-ANANAS-SAUCE

1 Scheibe Ananas • 1 Orange • 1 Becher Jogurt (1,5%) • 1 TL Ananasessig • Schnittlauch • 1 Prise jodiertes Meersalz, weißer Pfeffer, 1 Msp. Galgant • 75 g Kopfsalat

1 Ananas kleinschneiden, Orange schälen und die Filets herauslösen. Den Saft dabei auffangen.

2 Jogurt mit dem Saft, dem Essig und einem Esslöffel Schnittlauch verrühren und mit Salz, Pfeffer und Galgant abschmecken.

3 Salat waschen und putzen. Die Salatblätter in eine Schüssel geben und mit den Fruchtstücken und dem restlichen Schnittlauch garnieren. Die Jogurtsauce darüber geben.

➤ *Je Portion 250 kcal/1046 kJ*

WALDORF-SALAT MIT ANANAS

Dieses schmackhafte Gericht können Sie auch Gästen als Vorspeise anbieten.

100 g Sellerie • 1 kleiner Apfel • 1 Orange • 1 EL Ananasessig • 1 EL Jogurt (1,5% Fett) • Salz, weißer Pfeffer, Cayennepfeffer • 1 Scheibe Ananas • 75 g gekochtes Hühnerfleisch • 2 Walnusshälften, gehackt

1 Sellerie raspeln, Ananas und Apfel in kleine Würfel schneiden, die Orange filetieren, dabei den Saft auffangen.

2 Aus Essig, Jogurt und den Gewürzen ein Dressing rühren.
3 Fleisch klein schneiden und mit dem Rest unter die Sauce heben. Mit den Nüssen bestreuen und gut durchziehen lassen.
➤ *Je Portion 383 kcal/1602 kJ*

ANANAS-GEFLÜGELSALAT

100 g Hähnchenbrustfilet • 1 TL Sonnenblumenöl • Jodiertes Meersalz, Cayennepfeffer • 1 kleine Orange • 1 Stange Staudensellerie • 1 Scheibe Ananas • 1/2 Becher Jogurt (1,5% Fett) • Zitronensaft nach Belieben

1 Hähnchenbrustfilet in Scheiben schneiden, mit dem Öl knusprig anbraten, mit Salz und Pfeffer abschmecken.
2 Orange filetieren, Sellerie in Scheiben und Ananas in Stücke schneiden.
3 Jogurt mit Zitronensaft cremig rühren, über den Salat geben.
➤ *Je Portion 364 kcal/1523 kJ*

PUTENSALAT MIT ANANAS UND KIWI

1 Scheibe Ananas (ca. 100 g) • 1 Kiwi • 100 g geräucherte Putenbrust • 2 TL grüner Pfeffer • 1 TL Distelöl • 1 EL Senf • 2 EL Jogurt (1,5% Fett) • Jodiertes Meersalz • 1 Chicorée

1 Ananas in kleine Stücke schneiden, Kiwi schälen und in Scheiben schneiden, Putenbrust in Streifen schneiden.
2 Grünen Pfeffer grob hacken. Aus Öl, Senf, Jogurt und dem grünen Pfeffer eine Salatsauce rühren und mit Salz abschmecken.
3 Ananas, Kiwi und Putenbrust auf den Chicoréeblättern anrichten und die Salatsauce darüber geben.
➤ *Je Portion 287 kcal/1200 kJ*

Mit Ananas, Kiwi und Chicorée ist dieses Gericht ein wahrer Vitaminstoß: Vitamin C und auch B-Vitamine sind im Überfluss vorhanden.

CHICORÉE MIT ANANAS UND ZITRUSFRÜCHTEN

1 Scheibe Ananas • 1/2 Grapefruit • 1 Orange • 1 Chicorée • 1 TL Mandelblättchen • 1 TL Maiskeimöl • 1 TL Ananasessig • 1 EL Jogurt (1,5% Fett) • Jodiertes Meersalz, Pfeffer, Curry

1 Ananas in kleine Stücke schneiden, Grapefruit und Orange filetieren, dabei den Saft auffangen.

2 Chicorée längs halbieren, den bitteren Strunk keilförmig herausschneiden. Chicorée in fingerdicke Scheiben schneiden und mit den Fruchtstücken mischen.
3 Mandelblättchen in einer Pfanne ohne Fett goldgelb rösten.
4 Öl erhitzen, das Currypulver darin ein bis zwei Minuten dünsten. Den Fruchtsaft zugeben und bei starker Hitze auf die Hälfte einkochen und abkühlen lassen. Jogurt unterrühren und mit Salz und Pfeffer abschmecken. Das Dressing über den Salat geben und mit den Mandelblättchen bestreuen.
➤ *Je Portion 236 kcal/987 kJ*

Trotz Diät können Sie auch mal so richtig guten fetten Käse essen.

BIRNEN-KÄSE-SALAT

1 Scheibe Ananas (ca. 100 g) • 1 Birne • 30 g Roquefort (50% F. i. Tr.) • 1 TL Senf • 1 EL Magerquark • 1 TL Ananasessig • 1 kleiner Radicchiosalat

1 Ananas klein schneiden, Birne vierteln und in feine Scheiben schneiden, Käse klein schneiden.
2 Aus Senf, Magerquark, Ananasessig und einen Esslöffel Wasser ein Dressing rühren.
3 Ananas, Birne und Käse auf den Radicchioblättern anrichten. Sauce vorsichtig darüber gießen.
➤ *Je Portion 284 kcal/1188 kJ*

Ob mit Reis oder mit Obst: Salate mit Ananas sind ein Genuss.

EXOTISCHER REISSALAT MIT ANANAS

50 g Naturreis • 25 g Rosinen • 1 Apfel • 1 Scheibe Ananas • 1 TL gestiftelte Mandeln • 1 EL saure Sahne (10% Fett) • 1 EL Mango-Chutney • Curry, jodiertes Meersalz, Pfeffer • Ingwer, frisch gerieben • 1 TL Ananasessig

1 Reis in etwa 30 Minuten gar kochen.

2 Rosinen in Wasser einweichen. Apfel und Ananas in Würfel schneiden. Rosinen abtropfen lassen und mit Apfel, Ananas und Mandelstiften zum Reis geben.
3 Saure Sahne mit Mango-Chutney, Ingwer, Essig und den Gewürzen verrühren. Über den Reissalat geben und durchziehen lassen.
➤ *Je Portion 440 kcal/1840 kJ*

Rosinen sind getrocknete Trauben und beinhalten die Mineralien der Trauben in konzentrierter Form: Kalium, Kalzium, Magnesium und Eisen.

ZWIEBEL-ANANAS-ORANGEN-SALAT

3 rote Zwiebeln • 1 Orange • 1 Scheibe Ananas • 2 EL Sanddornsaft (ungezuckert) • 2 TL Sonnenblumenöl • 1 EL Ananasessig • 1 Prise jodiertes Meersalz, Pfeffer, 1/2 TL Ingwerpulver • 1 TL Kapern

1 Zwiebeln schälen und in feine Ringe schneiden, die Orange filetieren, die Ananas in kleine Würfel schneiden. Alle Zutaten in eine Schüssel schichten.
2 Sanddornsaft, Öl und Ananasessig verrühren, mit wenig Salz, Pfeffer und Ingwerpulver abschmecken.
3 Das Dressing über den Salat geben, die Kapern als Dekoration darüber streuen.
4 Den Salat eine halbe Stunde ziehen lassen.
➤ *Je Portion 240, 1004 kJ*

GRÜNKERNSALAT MIT BISS

50 g Grünkern • 200 ml Gemüsebrühe • 2 TL Distelöl • 1 EL Ananasessig • Petersilie • Jodiertes Meersalz, Pfeffer, 1 Msp. Galgant • 1/2 TL Senf • 1/2 TL Meerrettich, frisch gerieben • 1 Karotte • 1 kleiner Apfel • 1 kleine Frühlingszwiebel • 100 g körniger Frischkäse

1 Grünkern in der Gemüsebrühe sechs bis acht Stunden einweichen, aufkochen und zugedeckt etwa 20 Minuten köcheln lassen, bis der Grünkern gerade weich ist. 20 bis 30 Minuten nachquellen lassen.
(Alternative: Grünkern mit dem Schnellkochtopf ohne vorheriges Einweichen in etwa zehn Minuten gar kochen und 15 Minuten nachquellen lassen.)

Grünkern liefert besonders viele wertvolle Ballaststoffe.

2 In der Zwischenzeit aus Öl, Essig, Kräutern und Gewürzen ein Dressing rühren.
3 Karotte, Apfel und Frühlingszwiebel in kleine Würfel schneiden, zusammen mit dem Frischkäse und Grünkern unter die Salatsauce mischen.
4 Salat abschmecken und durchziehen lassen.
➤ *Je Portion 434 kcal/1816 kJ*

BUNTER ANANASSALAT

Tomaten sind kalorienarm, wirken blutdrucksenkend und sind heilsam für Nieren und Herz sowie bei Rheuma, Arthritis und Gicht.

1/4 Ananas • 2 kleine Tomaten • 2 Blätter Kopfsalat • 2 EL saure Sahne (10 % F.) • 2 TL Zitronensaft • 1 Prise Zucker • 1 Prise Salz • 1 Prise gemahlene Gewürznelke • 1 TL Salbeiblätter, frisch (ersatzweise getrocknet)
1 Ananas in Scheiben schneiden.
2 Die Tomaten kreuzweise einschneiden und mit heißem Wasser überbrühen, kalt abschrecken und die Haut abziehen. Die Tomaten würfeln.
3 Die Salatblätter waschen und eine Schüssel damit auslegen.
4 Saure Sahne mit Zitronensaft, Zucker, Salz und dem Nelkenpulver verrühren und unter die Ananas- und Tomatenwürfel heben. Den Salat auf den Salatblättern anrichten.
5 Die kleingeschnittenen Salbeiblättchen über den Salat streuen.
➤ *Je Portion 148 kcal/ 619 kJ*

SELLERIE-ANANAS-ROHKOST

1/4 Sellerieknolle • 1 Apfel • 1 Scheibe Ananas • 1 TL Ananasessig • 1 Prise Meersalz, 1 Prise Zucker • 2 EL saure Sahne (10 % F.) • 1 EL gehobelte Mandeln • Geriebene Orangenschale
1 Sellerieknollen und Äpfel schälen und auf einer Gemüsereibe raspeln. Ananas klein schneiden.
2 Ananasessig, Salz, Zucker und Sahne verrühren und mit dem Gemüse mischen.
3 Die leicht gerösteten Mandeln und etwas abgeriebene Orangenschale darüber streuen.
➤ *Je Portion 224 kcal/937 kJ*

Paprikas bringen Farbe ins Essen. Die roten Früchte haben den höchsten Gehalt an den Vitaminen A und C.

SPORTLER-SALAT MIT ANANAS

1 Scheibe Ananas (ca. 150 g) • 1/2 Banane • 1 EL Ananasessig • Je 50 g rote, gelbe und grüne Paprikaschote • Schnittlauch • 50 g körniger Frischkäse • 2 Scheiben Vollkorn-Knäckebrot

1 Ananas in kleine Würfel schneiden, Banane in Scheiben schneiden, mit dem Essig marinieren.

2 Paprika in sehr feine Streifen schneiden, mit dem Schnittlauch zu den Ananas- und Bananenstücken geben. Alles vorsichtig mischen. Salat mit dem Frischkäse auf einen Teller geben. Dazu Knäckebrot servieren.

➤ *Je Portion 288 kcal/1205 kJ*

Nach einem sportlichen Nachmittag ist dieser Salat zum Abendessen genau das Richtige.

FITMACHER-SALAT

1 Scheibe Ananas (ca. 100 g) • 1/2 Birne • 1/4 Honigmelone • 1/2 Zucchino • 50 g Eisbergsalat • 1 TL Ananasessig • 1 Prise jodiertes Meersalz • 2 TL Distelöl • Dill

1 Die Ananas in kleine Würfel schneiden, die Birne klein schneiden, die Melone von der Schale befreien, Kerne entfernen und in Scheiben schneiden.

2 Den Zucchino in feine Scheiben schneiden, den Eisbergsalat auseinanderzupfen. Alle Zutaten vermischen.

3 Aus Ananasessig, 1 EL Wasser, Salz und dem Öl ein Dressing zubereiten. Unter die Rohkost heben und gehackten Dill darüber streuen.

➤ *Je Portion 260 kcal/1087 kJ*

GEFÜLLTE FRÜCHTE MIT FRISCHKÄSE

Baby-Ananas ist etwas teurer, schmeckt aber oft besonders süß.

1/2 Papaya • 1/2 Baby-Ananas • 30 g leichter Frischkäse • 1 EL fettarmer Jogurt (1,5% Fett) • 1 Msp. Vanille • 1 TL Zitronensaft • Schwarzer Pfeffer

1 Papaya und Ananas halbieren, Fruchtfleisch herauslösen, kleinschneiden und wieder in die Früchte einfüllen.

2 Frischkäse mit Jogurt, Zitronensaft und Vanille cremig rühren und die Früchte damit füllen. Mit frisch gemahlenem Pfeffer garnieren.

➤ *Je Portion 110 kcal/460 kJ*

TROPISCHER FRUCHTSALAT

3–4 Erdbeeren • 1/2 Mango • 1 Kiwi • 1/2 Banane • 2 Scheiben Ananas • Johannisbeeren (oder andere Beeren, nach Saison) • 1/2 Becher Magermilchjogurt • Zitronensaft

1 Erdbeeren vierteln, Mango in feine Spalten schneiden, Kiwi und Banane in dünne Scheiben schneiden, Ananas würfeln.

2 Das Obst in einer Schüssel schichten und oben mit den Beeren belegen.

3 Jogurt und Zitronensaft verrühren, über den Salat geben oder separat in einem Schälchen reichen.

Alternativ:

Ananas-Bananen-Sauce (Seite 102)

➤ *Je Portion 335 kcal/1400 kJ*

ANANAS MIT EDELPILZKÄSE

1 Staudensellerie (ca. 200 g) • 1 Scheibe Ananas (ca. 100 g) • 30 g Edelpilzkäse (50% F. i. Tr.) • 50 g Jogurt • 2 Tomaten

1 Staudensellerie putzen, in kleine Stücke schneiden. Ananas fein würfeln. Auf einer Platte anrichten.

2 Edelpilzkäse mit Jogurt vermischen und auf das Ananas-Sellerie-Gemisch geben.

3 Tomaten vierteln und Salat damit dekorieren.

➤ *Je Portion 235 kcal/983 kJ*

Wenn Sie Edelpilzkäse nicht mögen, können Sie auch Frischkäse verwenden.

KNOBLAUCHBROT – DIE IDEALE BEILAGE

1 kleine Knoblauchzehe • 1 TL Olivenöl • 1 Prise Salz, Pfeffer • 1 Scheibe Brot (ca. 45 g)

Zerdrückte Knoblauchzehe mit dem Öl verrühren, etwas salzen. Brot mehrmals einstechen, mit dem Ölgemisch einpinseln. Im vorgeheizten Backofen etwa sieben Minuten aufbacken.

➤ *Je Portion 123 kcal/514 kJ*

Feine Suppen

ORANGEN-KAROTTEN-SUPPE

2 Karotten (aus biologischem Anbau) • 1 kleine Zwiebel • 1 TL Butter • Gemüsebrühe (frisch oder Instant) • 2 unbehandelte Orangen (Saft und Schale) • 1 Prise Salz, weißer Pfeffer • Thymian, Muskatnuss • 1 TL saure Sahne

Karotten geben Suppen einen besonders feinen Geschmack.

1 Karotten in Scheiben schneiden. Die Zwiebel schälen und grob hacken, mit den Karottenscheiben in der Butter glasig dünsten.

2 Saft und Brühe dazugeben, aufkochen, mit Thymian und Gewürzen abschmecken und 10 bis 15 Minuten bei schwacher Hitze garen.

3 Im Mixer pürieren. Mit saurer Sahne, Muskatnuss und der abgeriebenen Orangenschale verzieren.

➤ *Je Portion 255 kcal/1066 kJ*

KAROTTENSUPPE MIT FRISCHEN KRÄUTERN

2 Karotten (aus biologischem Anbau) • 1 kleine Zwiebel • 2 mittelgroße Biokartoffeln • 1 TL Sonnenblumenöl • Jodiertes Meersalz, Pfeffer, Muskatnuss, frisch gerieben • 1 Msp. Galgant • 250 ml Gemüsebrühe (frisch oder Instant) • Kresse nach Belieben • 1 EL saure Sahne (10% Fett)

1 Karotten putzen und grob würfeln, Zwiebel fein würfeln, Kartoffeln schälen und grob würfeln.

2 Gemüse und Kartoffeln in Öl anschwitzen und mit den Gewürzen abschmecken. Gemüsebrühe aufgießen und Gemüse gar kochen.

3 Suppe pürieren, kurz aufkochen und mit Kresse und saurer Sahne garnieren.

➤ *Je Portion 235 kcal/983 kJ*

BASENSUPPE MIT BLUMENKOHL

In der Naturheilkunde wird Blumenkohl zur Blutreinigung sowie bei Asthma, Arthritis und Nieren- und Blasenleiden empfohlen.

1/2 kleiner Blumenkohl • 3 mittelgroße Biokartoffeln • 500 ml Gemüsebrühe (frisch oder Instant) • 1 EL saure Sahne (10 % F.) • Meersalz, Muskatnuss • 1 Spritzer Zitronensaft • frische Kräuter, z. B. Thymian, Kerbel

1 Blumenkohl in Röschen zerteilen, Kartoffeln schälen und würfeln. Alles in einen Topf geben, mit Gemüsebrühe auffüllen und garen.

2 Gemüse mit dem Mixstab pürieren.

3 Saure Sahne unterziehen und mit Salz, Muskatnuss und Zitronensaft abschmecken. Kräuter darüber streuen.

➤ *Je Portion 220 kcal/920 kJ*

LINSENEINTOPF MIT WÜRSTCHEN

50 g Linsen • 500 ml Gemüsebrühe • 1 kleine Zwiebel • 1 Karotte • 25 g Suppengrün • 2 mittelgroße Biokartoffeln • 1 Paar Wiener • 1–2 TL Obstessig • Jodiertes Meersalz, Pfeffer • Petersilie

1 Linsen über Nacht einweichen. Am nächsten Tag mit 500 ml Gemüsebrühe auffüllen.

2 Zwiebel, Möhre, Suppengrün und Kartoffeln kleinschneiden und zu den Linsen geben. Bei milder Hitze etwa eine Stunde garen. Am Ende die Wienerwürstchen in die Suppe geben.

3 Mit Essig und den Gewürzen abschmecken. Mit Petersilie garnieren.

➤ *Je Portion 525 kcal/2196 kJ, ohne Würstchen 310 kcal/1297 kJ*

Brote und Sandwiches

Als Aufstrich eignet sich für viele Sandwiches statt Butter auch Senf oder Tomatenmark, die man noch mit etwas saurer Sahne (10% Fett) vermischen kann.

Belegen Sie die Brote möglichst immer mit Salatblättern, z. B. Kopfsalat, Radicchio oder Römischer Salat. Sie liefern zusätzliche Vitamine und verhindern gleichzeitig, dass der übrige Belag das Brot aufweicht.

Milchsaure Gemüse wie eingelegte Gurken, Paprika sowie Radieschen oder Kresse geben zusätzlich pikanten Geschmack.

Besonders wenn Sie beruflich viel unterwegs sind, sind Brote und Sandwiches eine praktische und gesunde Mahlzeit.

KÄSEBROT MIT ANANAS UND WEINTRAUBEN

1 Scheibe Vollkornbrot • 1 TL Butter • 3 Radicchioblätter oder andere Salatblätter • 1 Scheibe Ananas • 30 g Tilsiter in Scheiben (30% F. i. Tr.) • 50 g Weintrauben

Vollkornbrot mit Butter bestreichen und mit den Salatblättern belegen.

Übrige Zutaten oben auflegen, dafür Weintrauben halbieren.

➤ *Je Portion 315 kcal/1318 kJ*

VOLLKORNBROT MIT QUARK

1 Scheibe Vollkornbrot • 2 Blätter Eisbergsalat • 100 g fein geraspelte Sellerie • 2 EL Kräuterquark • 1 Spritzer Zitronensaft • Weißer Pfeffer • 1 TL gehackte Walnüsse

1 Brot mit Salat belegen. Geraspelte Sellerie unter den Kräuterquark heben, mit Zitronensaft und Pfeffer abschmecken und auf das Brot streichen.

2 Mit den gehackten Nüssen bestreuen.

➤ *Je Portion 195 kcal/815 kJ*

Eisbergsalat regt mit seinen Bitterstoffen die Verdauung an und wirkt mit seinem Basenüberschuss säureausgleichend.

SCHINKENBROT MIT ANANAS UND KIWI

Das Salatblatt zwischen Brötchen und Belag verhindert das Aufweichen des Sandwiches.

1 Scheibe Vollkornbrot • 1 TL Butter • 1 Scheibe Ananas (ca. 100 g) • 1 Kiwi • 1 Salatblatt • 30 g Lachsschinken ohne Fettrand

Vollkornbrot mit Butter bestreichen.

Ananas in Würfel schneiden, Kiwi schälen und in feine Scheiben schneiden und mit dem Lachsschinken auf dem Vollkornbrot anrichten.

Mit dem Salatblatt garnieren.

➤ *Je Portion 270 kcal/1130 kJ*

VEGETARISCHES SANDWICH MIT KAROTTENSAHNECREME

1 Karotte • 1 EL saure Sahne (10% Fett) • Frische Kräuter, Pfeffer, 1 Prise Salz • 1 Roggenbrötchen • 2 Salatblätter (z. B. Lollo Rosso)

Karotte fein raspeln, mit der sauren Sahne vermischen und den Gewürzen und Kräutern pikant abschmecken.

Brötchenhälften mit den Salatblättern und der Karottencreme belegen.

➤ *Je Portion 190 kcal/795 kJ*

Kombinieren Sie Karotten immer mit ein wenig Fett oder Öl. So kann der Körper das Beta-Karotin der Karotten besser verwerten und daraus Vitamin A bilden.

Mit Knäckebrot und Reiswaffeln gegen die Pfunde

Knäckebrot und Reiswaffeln statt Süßigkeiten sind zwar kein Diätgeheimnis, helfen jedoch beim Abnehmen und gegen den kleinen Hunger zwischendurch. Eine Scheibe Knäckebrot bzw. eine Waffel haben nur jeweils knapp 30 Kalorien, liefern aber viel Kalium und B-Vitamine. Durch die Ballaststoffe kommt die Verdauung in Schwung.

Hinweis: Achten Sie beim Kauf von Knäckebroten auf Vollkornprodukte. Die sogenannten »Knusperbrote« sättigen nur schlecht und fördern auch nicht die Verdauung, denn sie bestehen überwiegend aus weißem Mehl, Fett und Zucker.

SANDWICH MIT EI UND KRESSE

1 Roggenbrötchen • 1 TL Butter • 1 Ei, hartgekocht • Kresse

Brötchenhälften dünn mit Butter bestreichen, Ei in Scheiben schneiden und auf das Brötchen legen.
Mit Kresse bestreuen.

➤ *Je Portion 235 kcal/983 kJ*

Das im Ei enthaltene Eiweiß ist das biologisch wertvollste. Es enthält die essenziellen Aminosäuren im optimalen Verhältnis – deshalb genügt ein Ei pro Woche.

KRESSEBROT

2 Scheiben Vollkornbrot • 1 TL Butter • Kresse • Salz, Pfeffer (nach Belieben)

Vollkornbrot dünn mit Butter bestreichen.
Mit reichlich Kresse bestreuen. Nach Belieben mit Salz und Pfeffer würzen.

➤ *Je Portion 230 kcal/962 kJ*

Extramahlzeiten und Pausensnacks

Diese Nahrungsmittel dürfen Sie mindestens zweimal am Tag, aber auch ohne Gewissensbisse öfters, als Zwischenmahlzeiten genießen, da sie ein optimales Energie-Kalorien-Nährstoffverhältnis haben. Eine von diesen Extra-Mahlzeiten hat etwa 100 kcal.

Vitalsäfte mit Ananas als Extra-Mahlzeit

DER MUNTERMACHER

Kaufen Sie reife Früchte: Ihre Nase verrät Ihnen den optimalen Reifegrad.

1 Scheibe Ananas (ca. 100 g) • 1/2 Grapefruit

Bei einer Ananas aus kontrolliert-biologischem Anbau können Sie die äußere Schale nach gründlicher Reinigung zum Entsaften mit verwenden. Die Grapefruit schälen und zerteilen; Ananasscheibe vierteln und beide Früchte entsaften.

➤ *Je Portion 100 kcal/418 kJ*

ANANAS-PFEFFERMINZ-EISTEE

1 Scheibe Ananas • 1 kleiner Apfel • 1/2 Banane • 1 Tasse kalter Pfefferminztee

Zuerst Ananas und Apfel entsaften; dann den Saft mit Banane und Tee im Mixer mischen.

➤ *Je Portion 170 kcal/711 kJ*

KRAFTTRUNK

Gerade an Tagen, an denen Sie sich etwas schlapp fühlen, wird Ihnen dieser Trunk gut tun.

1 Viertel Ananas • 1 kleines Stück Ingwer (ca. 1 cm lang) • 1 Msp. Galgant

Ananas schälen, mit Strunk pressen und mit frisch gepresstem Ingwer und Galgant mischen. Dieser Drink ist sehr anregend und wohlschmeckend.

➤ *Je Portion 130 kcal/543 kJ*

ENTSCHLACKUNGSSAFT

100 ml Ananassaft, frisch gepresst • 150 ml Sauerkrautsaft • 1 Prise Muskatblüte • etwas Selleriegrün

Zutaten miteinander mischen, mit Selleriegrün verzieren.

➤ *Je Portion 133 kcal/556 kJ*

VITAMINSPENDER

50 ml Sauerkirschensaft • 50 ml Ananassaft • Mineralwasser, magnesiumreich

Säfte pressen, vermischen und mit Mineralwasser auffüllen.

➤ *Je Portion 125 kcal/523 kJ*

FRUCHTMILCH

1/2 Apfel • 1/2 Orange • 1/2 Banane • 1 Scheibe Ananas • 125 ml Milch (1,5% Fett) • 1 Stück ungespritzte Zitronenschale • 2 Eiswürfel

Obst im Mixer pürieren, mit Milch auffüllen. Zitronenschale und Eiswürfel dazugeben.

➤ *Je Portion 263 kcal/1100 kJ*

Trinken Sie das Milch-Mix-Getränk ganz frisch. Bei längerem Stehen fängt das Bromelain der Ananas an, das Milcheiweiß abzubauen.

ANANASBUTTERMILCH

1 Scheibe Ananas • 1 EL Ananassaft • 1/2 Banane • 4 Erdbeeren • 1 TL Zitronensaft • 100 ml Buttermilch • 3 Eiswürfel

Alle Zutaten im Mixer verrühren. Gekühlt trinken.

➤ *Je Portion 190 kcal/794 kJ*

ANANAS-BANANEN-MILCH

1 Scheibe Ananas • 1 kleine Banane • 1 Glas frische Milch (0,2 l) • 2 Eiswürfel

Ananas und Banane kleinschneiden und mit der Milch und den Eiswürfeln im Mixer pürieren.

➤ *Je Portion: 233 kcal, 975 kJ*

Bananen sind nicht nur als Zwischenmahlzeit begehrt, sondern haben auch eine sehr sättigende Wirkung in Milch-Mix-Getränken.

Zählen Sie lieber nicht ständig Kalorien, das verdirbt den Spaß am Essen. Ein ungefähres Gefühl dafür reicht.

Obst und Gemüse als Schlankmacher

Obst	kcal
1 Scheibe Ananas (ca. 100 g)	55 kcal
1 mittelgroßer Apfel	75 kcal
1 Banane	110 kcal
1 Kiwi	40 kcal
1 Mandarine	20 kcal
1 Orange	60 kcal
Papaya (200 g)	25 kcal
Gemüse	
3 mittelgroße Karotten	50 kcal
1 mittelgroße Kartoffel	55 kcal
1 Kohlrabi	50 kcal
1 Paprikaschote	40 kcal
1 Stück Salatgurke (ca. 200 g)	25 kcal
Sauerkraut (150 g)	25 kcal
Andere Snacks	
1 Becher Jogurt (1,5% Fett) mit Ananas	100 kcal
1 Vollreiswaffel	30 kcal
(die Waffeln gibt es auch mit Dinkel und Buchweizen)	
1 Scheibe Knäckebrot	30 kcal
1 Scheibe Vollkornbrot	100 kcal

Brennnesselsaft können Sie selber machen oder im Reformhaus kaufen.

ANANAS-STOFFWECHSEL-DRINK

1 Scheibe Ananas • Zitronensaft nach Belieben • 2 EL Brennnesselsaft • Mineralwasser

Ananas im Mixer pürieren, mit Zitronensaft und Brennesselsaft in ein Glas geben. Alles gut verrühren und mit Mineralwasser aufgießen.

➤ *Je Portion 90 kcal/376 kJ*

ANANAS-FRAPPÉ

10–15 Eiswürfel • 1 Viertel Ananas

Eiswürfel im Mixer grob zerkleinern.

Ananasstücke hinzufügen und alles zu einer glatten Masse rühren. Die Mischung in ein Glas füllen und mit einem Ananasblatt garnieren.

Tipp: Ananas-Frappé ist eine tolle Erfrischung, besonders an heißen Sommertagen.

Naschereien gegen das Leistungstief am Nachmittag

FRISCHKÄSE MIT ANANAS

1 Scheibe Ananas • 50 g körniger Frischkäse (20% F. i. Tr.)

Ananas in kleine Würfel schneiden und vorsichtig unter den Frischkäse heben.

➤ *Je Portion 105 kcal/439 kJ*

Die meisten Menschen kämpfen am Nachmittag mit einer Phase absoluter Müdigkeit.

ANANAS-ERDBEER-QUARK

2 EL Magerquark • 2 EL Milch (1,5% Fett) • 1 Scheibe Ananas • 4 Erdbeeren

Quark mit der Milch anrühren, Ananas klein würfeln und mit den geviertelten Erdbeeren mischen und vorsichtig unter den Quark heben.

➤ *Je Portion 130 kcal/543 kJ*

ANANAS GEGRILLT

4 Scheiben Baby-Ananas • 1 TL Zitronensaft (nach Belieben) • 1 TL Mandelblättchen

Ananasscheiben in eine feuerfeste Schale legen. Je nach Belieben mit Zitronensaft beträufeln.

Die Mandelblättchen darüber streuen und die Ananas im Grill oder Backofen so lange überbacken, bis die Mandeln leicht gebräunt sind.

➤ *Je Portion 100 kcal/418 kJ*

BEAUTY-NACHSPEISE

1 Scheibe Ananas • 1/2 Apfel • 125 g Kefir (1,5% Fett) • 1 Prise Zimt

Ananas und Apfel kleinschneiden, mit Kefir und Zimt mischen.

Tipp: Ananas und Kefir enthalten beide Wirkstoffe, die die Faltenbildung der Haut verzögern.

➤ *Je Portion 165 kcal/690 kJ*

ANANAS-TOFU-CREME

Tofu ist nicht nur Fleischersatz, sondern eignet sich auch für Nachspeisen.

1 Scheibe Ananas (ca. 100 g) • 50 g Tofu • 1–2 EL Jogurt (1,5% Fett) • 1 TL Zitronensaft • 1 Prise Zimt

Ananas und Tofu im Mixer pürieren. Mit Jogurt und Zitronensaft abschmecken. Mit einigen sehr dünn geschnittenen Ananasstückchen und 1 Prise Zimt verzieren.

➤ *Je Portion 105 kcal/439 kJ*

ANANASQUARKSPEISE

2 EL Magerquark • 1 EL frische Milch (1,5% Fett) • 1 Scheibe Ananas (ca. 100 g) • Zitronensaft (nach Belieben)

Quark mit Wasser glattrühren. Ananas fein würfeln, unterheben und mit Zitronensaft abschmecken.

➤ *Je Portion 105 kcal/439 kJ*

ANANAS-BANANE-SAUCE

1 Scheibe Ananas • 1/2 Banane

Ananas und Banane im Mixer pürieren.

Tipp: Eine leckere Fruchtsauce für Obstsalat, Buttermilch, Jogurt oder Dickmilch

➤ *Je Portion 110 kcal/460 kJ*

Backwaren aus dem vollen Korn unterstützen die Verdauung durch ihren hohen Ballaststoffgehalt.

VOLLKORNKEKSE MIT ANANAS

4 Vollkornkekse ohne Zucker (20 g) • 1 TL Preiselbeeren (ersatzweise Marmelade) • 1 Scheibe Ananas

Vollkornkekse dünn mit den Preiselbeeren bestreichen. Ananasscheibe in Viertel schneiden und auf die Kekse verteilen.

➤ *Je Portion 182 kcal/ 760 kJ*

FRUCHTCREME

125 g Aprikosen • 1/2 TL Zitronensaft • 100 g Quark (mager) 1 Prise Zucker (1–2 g)

Aprikosen waschen, entkernenn, im Mixer pürieren. Den Zitronensaft dazugeben. Quark mit dem Zucker verrühren, unter die Aprikosenmasse heben.

➤ *Je Portion 126 kcal/ 527 kJ*

Die Fruchtcreme sollten Sie vor dem Servieren eine halbe Stunde im Kühlschrank aufbewahren.

BEEREN-SORBET (SCHNELLREZEPT)

125 g gemischte Beeren (gefroren) • 1 TL Zitronensaft • 1 Prise Puderzucker (1–2 g)

Beeren mit Zitronensaft und Puderzucker kurz pürieren.

➤ *Je Portion 86 kcal/ 360 kJ*

NOTABENE

Die Ananas im Laufe der Jahrhunderte

Auf unseren Märkten lockt ein üppiges Angebot von Ananasfrüchten aus allen Teilen der Welt. Dabei ist es noch gar nicht so lange her, dass die königliche Frucht dem Volke nicht zugänglich, sondern ausschließlich den Reichen und dem Adel vorbehalten war. Die ersten Früchte wurden im 16. Jahrhundert unter großen Mühen nach Europa transportiert. Viele verdarben auf der weiten Seefahrt. Diejenigen, die wohlbehalten ankamen, wurden zu Höchstpreisen gehandelt. Im Gegensatz zu anderen in der »Neuen Welt« entdeckten Früchten blieb die Ananas in Europa auch für die nächsten 350 Jahre eine wertvolle Rarität.

Erst nach einem weiten Weg über das Meer kommen die Früchte nach Europa.

Als die Ananas noch vermietet wurde

Selbst in den gehobenen Kreisen war die Ananas eine Seltenheit und galt als kostbares Geschenk für Könige und höchsten Adel. Die Chroniken der Königshöfe berichten, dass die Ananas auf den Festtafeln an ausgesuchter Stelle über allen anderen Obstsorten thronte. In den höheren Kreisen wollten sich alle mit der elitären Frucht schmücken, um ihre gesellschaftliche Position und ihren Wohlstand zu unterstreichen. Da die Nachfrage bei weitem das Angebot überstieg, transportierten Boten die Ananasfrucht von einem Festbankett zum nächsten und erhoben eine Miete für den Verleih.

NOTABENE

Die Ananas – ein Gastgeschenk

Da nur wenige eine Vorstellung vom Aussehen der Ananas hatten, wurde sie auf alle erdenkliche Weise abgebildet. Die erste Illustration einer Ananas erschien 1535 in dem Buch »Naturgeschichte Indiens«, verfasst von dem spanischen Edelmann Orviedo, einem Geschichtsschreiber, der sich zeitlebens intensiv mit der Ananas befasste. »Die Frucht ist der Luxus der Götter und sollte nur von der Venus geerntet werden«, schrieb Orviedo im 16. Jahrhundert. Ein andermal bemerkte er: »Die Frucht nicht weniger mit ihrem liebli-chen Geruch das Hirn erquickt, als mit ihrem zarten und lieblichen Geschmack den Mund.« Zudem stellte er fest, dass die Ananas »die Freude zurückbringt«. Die Ähnlichkeit der Ananasfrucht mit einem Pinienzapfen, einem Fruchtbarkeitssymbol, führte dazu, dass man ihr eine aphrodisierende Wirkung nachsagte. In unserer heutigen Zeit ist dieser Symbolgehalt weniger bekannt, dafür gilt die Ananas heute überall als Gastgeschenk und willkommenes Mitbringsel.

Rezepte aus der Neuen Welt

Die Ananas bietet unzählige und außerdem exotische Möglichkeiten des Zubereitens. Auch die Spanier mit ihren Kolonien, in denen die Ananas beheimatet war, experimentierten mit den verschiedensten Zubereitungsvarianten. Eines der Rezepte beschreibt wiederum Orviedo: »Wenn man die Ananas in Schnittchen wie Rettischen zerschneidet, und in spanischem Weine weicht, so schmecken sie so vortrefflich, dass man kaum genug davon essen kann, und sind leicht zu verdauen.«

Viele Ananasrezepte kommen aus der »Neuen Welt«.

Wenn Sie Heilkräuter selber sammeln möchten, sollten Sie ungedüngte Standorte bevorzugen.

Machen Sie sich das Abnehmen leichter

Mit Kräutern, Homöopathie, Bach-Blüten, Akupressur und einem speziellen Bewegungsprogramm können Sie den Erfolg der Vier-Wochen-Ananas-Kur noch zusätzlich unterstützen. Das Ziel solcher Maßnahmen ist immer, dem Fettstoffwechsel unseres Körpers auf die Sprünge zu helfen, den schädlichen Stress aufzulösen und damit die Voraussetzungen dafür zu schaffen, dass der Körper »gerne« abnimmt. Dabei ist es immer ratsam, dass Sie alle Maßnahmen vorher mit Ihrem Arzt oder Heilpraktiker absprechen.

Mit Kräutertees den Stoffwechsel anfeuern

Es gibt eine Vielzahl von Heilpflanzen, die den Stoffwechsel positiv beeinflussen. In der Apotheke können Sie diese getrocknet kaufen und sich daraus einen Tee zubereiten. Reizvoller ist es natürlich – wenn gerade Saison ist –, die Kräuter auf einem Spaziergang zu sammeln und selbst anzusetzen. So kann aus dem Teetrinken ein schönes Ritual werden.

Zwei bis drei Liter sollten Sie täglich trinken.

Folgende Kräuter kommen hierfür in Frage:

- Löwenzahn: Verbessert den Stoffwechsel, stärkt die Leber.
- Brennnessel: Fördert die Ausscheidung von Giftstoffen, entwässert das Bindegewebe.
- Blasentang: Jodhaltige Pflanze, die den Stoffwechsel anregt. Nicht bei Schilddrüsenüberfunktion einnehmen!
- Mate: Hemmt den Appetit, steigert den Stoffwechsel.

Natürlich können Sie sich auch fertige Teemischungen im Reformhaus oder in der Apotheke kaufen. Achten Sie dabei besonders auf die entwässernde Wirkung, denn nicht selten ist ein großer Teil der Körperfülle auf Wassereinlagerungen in Gelenken und Bindegewebe zurückzuführen.

Viel Flüssigkeit schwemmt alle Schadstoffe aus dem Körper.

Teekuren zur Entgiftung des Organismus

Auch die Entgiftung spielt eine wichtige Rolle und ist gerade während der Vier-Wochen-Ananas-Kur sinnvoll. Hier bietet sich ganz besonders Lindenblütentee an – aufgrund seiner stark entgiftenden Wirkung. Wegen der schweißtreibenden Eigenschaften wird er übrigens gerne bei Erkältungskrankheiten eingesetzt, um die Giftstoffe auszuschwitzen.

Tipp: Wenn Sie den Lindenblütentee tagsüber trinken, entfaltet er keine unangenehme schweißtreibende Wirkung.

STOFFWECHSEL-TEE

Diese Teemischung treibt den Stoffwechsel kräftig an. Lassen Sie sich von Ihrem Apotheker folgende Mischung geben:

30 g Löwenzahn (Wurzel mit Kraut) • 20 g Brennesselblätter • 20 g Birkenblätter • 20 g Ackerschachtelhalm • 10 g Holunderblüten

Zubereitung der Tees: Ein Teelöffel der Mischung mit einer Tasse kochendem Wasser übergießen, zehn Minuten ziehen lassen und abseihen. Drei bis vier Tassen über den Tag verteilt trinken.

Hinweis: Bitte vergessen Sie nicht, dass Heilpflanzen als Arzneien gelten. Teekuren sollten daher nicht länger als vier Wochen durchgeführt werden. Dies ist auch deshalb zu empfehlen, weil sich unser Körper in dieser Zeitspanne an die wirksamen Substanzen gewöhnt und dagegen »resistent« wird.

Die beste Zeit zum Selbersammeln der Brennnessel sind die Vormittagsstunden.

Kurplan 1. Woche

Wochentag	Frühstück	1. Extramahlzeit	Mittagessen	2. Extramahlzeit	Abendessen
Montag:	2 Scheiben Ananas (S. 7)	Der Muntermacher (S. 98)	Roggenrisotto (S. 78)	1 Scheibe Knäckebrot/1 TL saure Sahne/1 Banane	Insalata caprese mit Basilikum-Dressing (S. 80)
Dienstag:	Vollkornbrot mit Marmelade und Ananas (S. 56)	1/2 Becher Kefir mit Ananas-Bananen-Sauce (S. 102)	Gemüsepfanne mit Tofu (S. 70)	Fenchelsalat mit Ananas und Paprika (S. 85)	Knackiger Nudelsalat (S. 82)
Mittwoch:	Fitness-Müsli mit Ananas (S. 61)	150 g Weintrauben	Spaghetti mit Rucola (S. 68)	1 Vollreiswaffel	Sportler-Salat (S. 91)
Donnerstag:	Käsebrot mit Gurke (S. 59)	Ananasquarkspeise (S. 102)	Kartoffel-Mangold-Suppe (S. 69)	1 Orange	Ananas-Geflügelsalat (S. 87)
Freitag:	Ananas-Verdauungsdrink (S. 55)	2 Scheiben Zwieback mit Butter	Pellkartoffeln mit Quark (S. 63)	Rohkost mit Dipps (S. 81)	Käsebrot mit Ananas und Weintrauben (S. 95)
Samstag:	Müsli für Morgenmuffel (S. 60)	2 Scheiben Ananas (S. 57)	Sellerie mit Ananas überbacken (S. 79)	2 Reiswaffeln	Feldsalat mit Austernpilzen und Knoblauchbrot (S. 83)
Sonntag:	Pumpernickel mit Ei (S. 56)	Ananas gegrillt (S. 101)	Hühnercurry mit Ananas (S. 71)	Gefüllte Früchte mit Frischkäse (S. 92)	Artischocken gedippt á la Gusto (S. 80)

Extras für Ihren Stoffwechsel:
- Morgens einen Teelöffel Ananasessig auf ein Glas lauwarmes Wasser
- Stoffwechseltee, vier Mal täglich eine Tasse
- Entsäuerungsbad: Samstag
- Leberwickel: Sonntag und Donnerstag
- Täglich 30 Minuten Bewegung, die Ihnen Freude macht

Kurplan 2. Woche

Wochentag	Frühstück	1. Extra-mahlzeit	Mittagessen	2. Extra-mahlzeit	Abendessen
Montag:	Knäckebrot mit Ananas und Frischkäse (S. 55)	1 Becher Kefir mit Zimt	Chicorée-Ananas-Auflauf (S. 77)	Fruchtmilch (S. 99)	Zwiebel-Ananas-Orangen-Salat (S. 89)
Dienstag:	Ananas-Sauerkraut-Frühstück (S. 61)	Frischkäse mit Ananas (S. 101)	Chinapfanne mit Schweinefleisch (S. 74)	1 Reiswaffel	Griechischer Bauernsalat mit Feta (S. 83)
Mittwoch:	Pumpernickel mit Camembert und Paprika (S. 57)	200 g Papaya	Ananassauerkraut mit Kartoffeln (S. 73)	Ananas-Tofu-Creme (S. 102)	Birnen-Käse Salat (S. 88)
Donnerstag:	2 Scheiben Ananas pur (S. 57)	2 Scheiben Zwieback mit Butter	Warmer Ananas-Dinkel-Salat (S. 78)	Beauty-Nachspeise (S. 102)	Schinkenbrot mit Ananas und Kiwi (S. 96)
Freitag:	Buchweizen mit Ananas (S. 58)	Ananas-Stoffwechseldrink (S. 100)	Seelachsfilet mit Ananas (S. 70)	Kohlrabi und Gurke	Waldorf-Salat (S. 86)
Samstag:	Vollkornbrot mit vegetarischem Aufstrich (S. 58)	Tropischer Fruchtsalat (S. 92)	Spaghetti aglio e olio (S. 68)	1 Reiswaffel	Thunfisch mit Sellerie und Ananas (S. 84)
Sonntag:	Vollkornbrot mit Putenwurst und Gurke (S. 57)	125 g Honigmelone	Huhn Hawaii (S. 75)	1 Scheibe Ananas (S. 57)	Ananas mit Edelpilzkäse (S. 93)

Extras für den Stoffwechsel:

- Lindenblütentee, vier Mal täglich eine Tasse
- Entsäuerungsbad: Samstag
- Kalte Wickel für schöne Oberschenkel: Sonntag und Mittwoch
- Täglich 30 Minuten Bewegung, die Ihnen Freude macht

Kurplan 3. Woche

Wochentag	Frühstück	1. Extramahlzeit	Mittagessen	2. Extramahlzeit	Abendessen
Montag:	Verdauungsfrühstück (S. 59)	50 g körniger Frischkäse	Zucchini-Champignon-Eintopf (S. 77)	1 Banane	Putensalat mit Ananas und Kiwi (S. 87)
Dienstag:	Knäckebrot mit Schinken und Ananasdrink (S. 56)	Vitaminspender (S. 98)	Chinesischer Gemüsetopf (S. 74)	125 g Honigmelone	Karottensuppe mit frischen Kräutern (S. 94)
Mittwoch:	1 Scheibe Ananas (S. 57)	Ananas-Vitalmüsli (S. 60)	Ananas-Sauerkraut mit Putenschnitzel (S. 73)	1 Reiswaffel	Grünkernsalat mit Biss (S. 89)
Donnerstag:	Vollkornbrot mit Käse und Radieschen (S. 56)	1 Portion Sauerkraut mit geraspelter Karotte	Penne mit italienischer Tomatensauce (S. 69)	200 g Papaya	Orangen-Karottensuppe (S. 93)
Freitag:	Früchte-Dickmilch mit Ananas (S. 61)	Krafttrunk (S. 98)	Fisch mit Tomatenreis (S. 72)	Knäckebrot mit saurer Sahne und Apfelstückchen	Vegetarisches Sandwich mit Karottensahnecreme (S. 96)
Samstag:	Vollkornbrötchen mit Quark und Marmelade (S. 57)	1 Knäckebrot mit saurer Sahne und Bananenscheiben	Ratatouille mit Baguette (S. 76)	Ananas-Erdbeer-Quark (S. 101)	Knackiger Nudelsalat (S. 82)
Sonntag:	Ananas-Quark-Müsli (S. 61)	Entschlackungssaft (S. 98)	Rindfleisch im Wok (S. 75)	1 Scheibe Ananas (S. 57)	Sandwich mit Ei und Kresse (S. 97)

Extras für den Stoffwechsel:

- Stoffwechseltee, vier Mal täglich eine Tasse
- Entsäuerungsbad: Samstag
- Leberwickel: Sonntag und Mittwoch
- Täglich 30 Minuten Bewegung, die Ihnen Freude macht

Kurplan 4. Woche

Wochentag	Frühstück	1. Extra-mahlzeit	Mittagessen	2. Extra-mahlzeit	Abendessen
Montag:	2 Scheiben Ananas (S. 57)	2 Vollreis-waffeln	Kartoffel-Käse-Auflauf (S. 64)	Ananas-Bananen-Milch (S. 99)	Rucola-Salat feinherb mit Baguette (S. 82)
Dienstag:	Vollkornbrot mit vegetarischem Brotaufstrich (S. 58)	1 Becher Jogurt mit Obst	Bunte Kartoffelpfanne mit Schinken (S. 64)	Vollkornkekse mit Ananas (S. 103)	Ananas-Selleriesalat mit Nüssen (S. 83)
Mittwoch:	Frischkornmüsli mit Ananas (S. 62)	200 g Papaya	Fitmacher-Salat (S. 91)	Entschlackungssaft (S. 98)	Kräuteromelett mit Spargel (S. 64)
Donnerstag:	Vollkornbrötchen mit Quark und Marmelade (S. 57)	1 Becher Kefir mit Zimt	Spaghetti bolognese (S. 65)	Bunter Ananassalat (S. 90)	Basensuppe mit Blumenkohl (S. 94)
Freitag:	Verdauungsfrühstück (S. 59)	Frischkäse mit Obst (S. 101)	Grünkernbratlinge auf Spinat (S. 66)	Ananas-Pfefferminz-Eistee (S. 98)	Sellerie-Ananas-Rohkost (S. 90)
Samstag:	Vollkornbrot mit Kräuterquark (S. 57)	1 Banane	Linseneintopf mit Wiener (S. 94)	2 Scheiben Zwieback mit Butter	Grillkartoffel mit Blattsalat
Sonntag:	Porridge mit Ananas (S. 62)	125 g Honigmelone	Gegrillte Forelle mit Salat (S. 66)	Ananas-Frappé (S. 101)	Chicorée mit Ananas und Zitrusfrüchten (S. 87)

Extras für den Stoffwechsel:

- Nach dem Aufstehen Wechselduschen und Trockenbürsten der Haut
- Morgens einen Teelöffel Ananasessig auf ein Glas lauwarmes Wasser
- Lindenblütentee, vier Mal täglich eine Tasse
- Entsäuerungsbad: Samstag
- Entspannungsprogramm

Hilfe bei Kurkrisen

Auch die berüchtigte Krise bei einer Kur kann mit naturheilkundlichen Mitteln gelindert werden. Natürlich hängt der Erfolg letztlich von Ihrem Denken ab. Den typischen Durchhänger, das Gefühl der Überforderung oder Mutlosigkeit oder die berüchtigten Heißhungerattacken kann man mit Homöopathie, Bach-Blüten oder Akupressur oft erstaunlich wirksam lindern.

Mit Homöopathie aus der Krise

Nicht nur bei Diäten ist Homöopathie sinnvoll – eine Beschäftigung mit Naturheilkunde gibt Ihnen sicher oft Tipps für Ihre Gesundheit.

Mit einer homöopathischen Behandlung kann eine Gewichtsreduzierung erfolgreich begleitet werden – vorausgesetzt, es wird das individuell richtige Mittel gefunden. Das erfordert viel Zeit und Erfahrung und sollte dem erfahrenen Homöopathen überlassen werden. Es gibt allerdings einige homöopathische Mittel, die sich in der Praxis bewährt haben und helfen, kleine »Krisen«, vor allem Stimmungstiefs, die während des Abnehmens auftreten können, sicher zu bewältigen.

- Antimonium crudum D2: Kommt in Frage bei Heißhungerattacken, »Frustessen« oder Essen nach Zorn oder Wut, meistens liegt eine verdrießliche Grundstimmung vor.
- Fucus vesiculosus D2: Regt durch den Jodgehalt den Stoffwechsel an.

Achtung: nicht bei Schilddrüsenüberfunktion einnehmen!

- Helianthus tuberosus D1: Verlängert das Sättigungsgefühl.
- Natrium sulfuricum D6: Löst überschüssiges Wasser aus dem Körper und schwemmt Stoffwechselschlacken aus. Dadurch wirkt es gewebe- und blutreinigend. Die Elastizität des Bindegewebes wird gestärkt und die Funktion von Leber- und Galle verbessert.

Dosierung der homöopathischen Mittel: Erwachsene nehmen dreimal täglich fünf Globuli (Kügelchen), alternativ eine Tablette oder fünf Tropfen; langsam im Mund zergehen lassen. Bei akuten Beschwerden kann die Einnahmehäufigkeit – in Absprache mit dem Arzt oder Heilpraktiker – erhöht werden.

Wohl fühlen mit Bach-Blüten

Der Begründer der Bach-Blütentherapie, der englische Arzt Edward Bach (1886-1936), fand heraus, dass 38 verschiedene Blüten in Beziehung zu bestimmten seelischen Stimmungslagen stehen. Bach ging dabei davon aus, dass die Ursache vieler Beschwerden ihren Ursprung in unserem Seelenzustand haben.
Die richtige und individuelle Auswahl der Bach-Blüten durch den Arzt oder den Heilpraktiker kann Krisen während des Abnehmens mildern und ein harmonischeres Lebensgefühl schaffen.
Die Auswahl der Blüten richtet sich nach der Persönlichkeit und dem aktuellen Befinden des Betreffenden und seinen Gefühlen. Treten während des Abnehmens Unsicherheiten und Schwächegefühle auf, sind häufig die Blüten Centaury (Tausendgüldenkraut: Schwäche des eigenen Willens), Larch (Lärche: Mangel an Selbstvertrauen), Gentian (Enzian: Zweifel, Pessimismus) oder Pinie (Kiefer: Mutlosigkeit, Selbstvorwürfe) passend. Eine Mischung von Bach-Blüten kann man sich in der Apotheke zusammenstellen lassen. Dosierung: Viermal täglich vier Tropfen vor dem Essen einnehmen und im Munde vorsichtig zergehen lassen.

Es ist empfehlenswert, sich beim Einsatz der Naturheilkunde erst von einem Homöopathen oder Heilpraktiker beraten zu lassen.

Was tun bei Heißhungerattacken?

Verliert der Körper zu rasch sehr viel Gewicht, reagiert er häufig mit einem schwer bezwingbaren Heißhunger, und viele essen dann unkontrolliert Süßigkeiten und fette Nahrungsmittel.
Ein totaler Verzicht auf zuckerhaltige Süßigkeiten fällt manchen Menschen nicht so schwer, weil sie sich leichter tun, gar nichts mehr davon zu essen als immer nur ein bisschen – ähnlich wie bei der Raucherentwöhnung.
Nehmen Sie dem Hunger durch ein Glas Wasser oder eine Scheibe Ananas die Spitze.
Das bremst die Lust auf Süßes.
Bei hartnäckigen Beschwerden ist eine naturheilkundliche Unterstützung, z. B. mit Heilpflanzen, Homöopathie oder Akupressur zu empfehlen (siehe dort).

Akupressur – schlank per Fingerdruck

Ein gezielter Fingerdruck auf bestimmte Akupunkturpunkte kann den Stoffwechsel anregen, die Ausscheidung aktivieren und Hungergefühle hemmen. Überfällt Sie eine Heißhungerattacke, drücken Sie sanft mit kleinen kreisenden Bewegungen die nachfolgenden Punkte. Noch besser ist es, wenn Sie die Punkte regelmäßig drei- bis viermal täglich jeweils zwei Minuten behandeln.

①

■ Akupressurpunkte zum Abnehmen

➤ Renzhong: In der Mitte zwischen Oberlippe und Nase; leicht mit der Fingerkuppe 30 Sekunden drücken. ①

Wirkung: Stoppt das Hungergefühl.

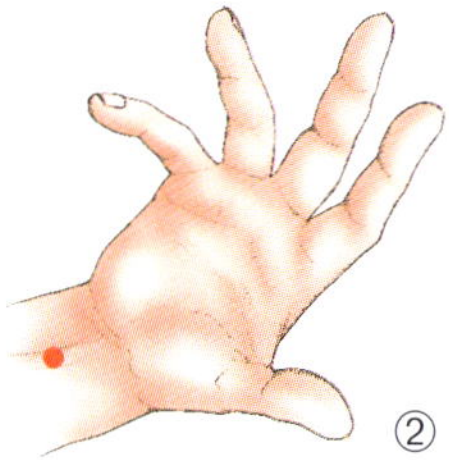

②

➤ Nei Guan: Auf der Innenseite des rechten und linken Unterarms, zwei Daumen breit vom Handgelenk entfernt, genau zwischen den Sehnen. ②

Wirkung: Ausgleichend, für Lebensfreude, Kreislaufstabilsierung.

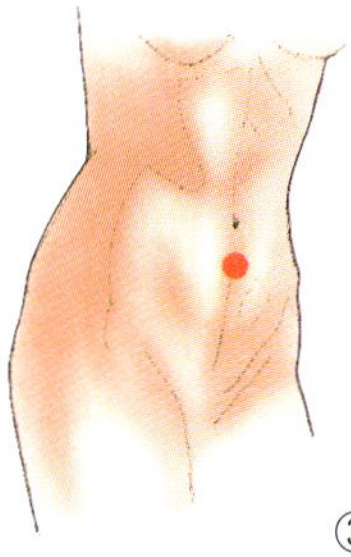

③

➤ Meer der Energie: Zwei Fingerbreit unterhalb des Nabels, in der Mitte der Verbindungslinie zwischen Nabel und Schritt. ③

Wirkung: Belebende Wirkung auf den Körper; einer der wichtigsten Energiepunkte des Körpers.

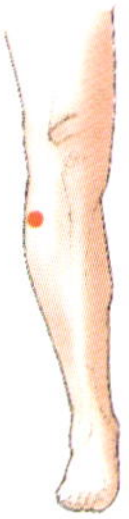

④

➤ Göttlicher Gleichmut: Vier Finger breit unterhalb der Kniescheibe an der äußeren Unterschenkelseite; am Rand des Schienbeins. ④

Wirkung: Psychische Harmonisierung sowie allgemeine Regulation bei Verdauungsproblemen, wichtiger Stoffwechselpunkt.

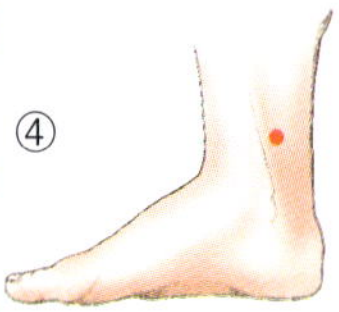

⑤

➤ Treffpunkt der Yin-Meridiane: Vier Finger breit über dem inneren Knöchel rechts und links (genau hinter dem Schienbeinknochen). ⑤

Wirkung: Harmonisierung des weiblichen Hormonstatus.

■ **Ohr-Mikromassage«**

Auf dem Ohr liegen Suchtpunkte, deren Massage die Heißhungerattacken hemmen. So können Sie die Gewichtsabnahme wirkungsvoll unterstützen, dauerhaft erfolgreich ist diese Methode jedoch erfahrungsgemäß nur in Verbindung mit einem Ernährungsprogramm wie der Vier-Wochen-Ananas-Kur. Die Punkte am Ohr können Sie selbst massieren, oder es werden vom Arzt oder Heilpraktiker Dauernadeln gesetzt, die man bei Bedarf stimulieren kann.

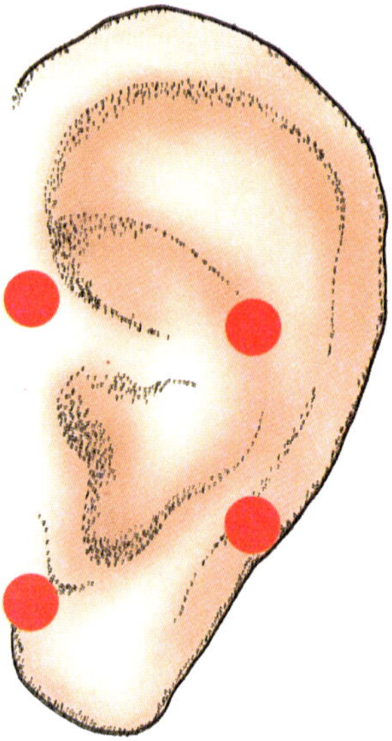

Wohlfühl-Tipps für die Vier-Wochen-Ananas-Kur

Die Vier-Wochen-Ananas-Kur ist keineswegs als ein »notwendiger Leidensweg« angelegt, sondern als eine Zeit, in der Sie besonders stark auf Ihren Körper, auf das, was Sie ihm zuführen und das, was Sie mit ihm machen, achten. Richtig verstanden, ist die

Mit Ananas gegen die Verstopfung

Das Enzym Bromelain, das im Ananassaft reichlich enthalten ist, regt die Verdauungsenzyme an. Ananas-Grapefruitsaft ist daher eine wohlschmeckende Verdauungshilfe. Alternativ hilft auch eine Scheibe frische Ananas – sie wirkt wie ein Abführmittel.

Manchmal reicht eine alleinige Ernährungsumstellung zur Beseitigung von Verstopfungsneigung nicht aus. Zusätzliche pflanzliche Ballaststoffe wie Weizenkleie oder Flohsamen lösen das Problem: Ein- bis zweimal täglich ein Esslöffel auf zwei Glas Wasser einnehmen.

Wichtig: Ballaststoffe müssen immer mit reichlich Flüssigkeit (etwa einen halben Liter oder noch mehr) eingenommen werden, sonst kommt es sogar zum gegenteiligen Effekt.

Trinken Sie Wasser möglichst pur oder verdünnt mit nur etwas Fruchtsaft.

Kur also auch eine Chance, einen neuen Dialog mit dem eigenen Körper zu beginnen, seine Sprache zu lernen und sich einfach in ihm wohlzufühlen. Tun Sie deshalb auch ruhig etwas für Ihr Aussehen, denn Sie werden merken, wie dies Ihre Stimmung hebt und die Zeit der Kur zu etwas Besonderem macht.

Schönheitspflege von innen und außen

Die Vier-Wochen-Ananas-Kur verhilft Ihnen von innen heraus zu mehr Wohlbefinden, einem strahlenden Teint und schönem Haar. Aber auch äußerlich lässt sich mit der enzymreichen Ananas eine Menge tun, denn das Enzym Bromelain öffnet verstopfte Hautporen, wirkt so reinigend und ist besonders für die reifere Haut eine Wohltat.

ANTI-FALTEN-MASKE

Keine Maske kann Falten wegzaubern – aber glätten kann sie sie schon.

3 EL Ananassaft • 1 EL Haferflocken • Milch • 1 TL Weizenkeimöl

Haferflocken mit etwas Milch quellen lassen. Mit dem frisch gepressten Ananassaft und dem Weizenkeimöl verrühren. Die Masse auf Gesicht und Dekolletee auftragen. Nach 20 Minuten abnehmen und mit warmem Wasser abspülen.

MASKE FÜR SAMTIGE HAUT

1 Spritzer Zitrone • 1/2 Banane • 3 EL Ananassaft •
1 EL Mandelöl

Die Banane zerdrücken, mit den übrigen Zutaten vermischen und 20 Minuten auf die Haut einwirken lassen.

Tipp: Verwöhnen Sie Ihre Haut und die Sinne jeden Tag nach dem Duschen oder Baden mit einem duftenden Körperöl.

Enzyme für die Tage vor den Tagen

Die Heilstoffe der Ananas wirken auch beruhigend auf die Muskelkrämpfen bei Regelkrämpfen. Gerade in den Tagen vor den Tagen ist die Ananas wegen ihres natürlichen Entwässerungseffektes besonders hilfreich.

Das Bewegungsprogramm

Kennen Sie das auch? Sie essen eigentlich gar nicht viel und nehmen trotzdem zu. Wahrscheinlich üben Sie eine körperlich leichte Tätigkeit aus (z. B. im Büro), bei der der Körper seinen Energiebedarf ausschließlich aus Kohlenhydraten decken kann und das überschüssige Fett in Depots eingeschleust wird.

Regelmäßige Bewegung ist so wichtig wie gesunde Ernährung: nicht nur für den Körper, auch für Geist und Seele.

So aktivieren Sie die Fettverbrennung: Planen Sie regelmäßig viel Bewegung ein, die die Stoffwechselrate steigert: Rasches Gehen, Radfahren, Schwimmen, Joggen und vieles mehr. Wählen Sie sich eine Bewegungsform aus, an der Sie Spaß haben und die Sie locker macht. Tanzen oder Ballspiele sind geeignete Möglichkeiten, um Ihr Körpergefühl zu verbessern und die Erfahrung zu machen, dass Bewegung angenehm sein kann, kein lästiges »Muss«. Bewegen Sie sich, wie es Ihnen Freude macht. Das positive Körpergefühl nimmt zu und damit Ihr Selbstvertrauen. Sie werden ausgeglichener.

■ Geben Sie nicht gleich auf!

Ist Ihr Körper nicht an viel Bewegung gewöhnt, wird Ihr Bewegungsprogramm Sie die ersten Male wahrscheinlich anstrengen. Aber geben Sie nicht auf! Denn der Körper gewöhnt sich nach kurzer Zeit daran und entwickelt ein regelrechtes Bedürfnis nach Bewegung, so dass Sie Spaß daran haben werden.

Sport ist immer auch eine gute Übung für die Willenskraft.

Mehr Bewegung macht lockerer (auch im geistigen und seelischen Bereich), beruhigt die Nerven und baut Stress ab.

Entspannungsprogramm: Fit und vital in zehn Minuten

Wenn es nicht möglich ist, die Übungen draußen durchzuführen, öffnen Sie Fenster oder Balkontür weit, damit Sie viel frische Luft tanken können.

➤ Hüpfen Sie ein bis zwei Minuten locker auf der Stelle, und schütteln Sie dabei Arme und Beine aus. Bleiben Sie dann stehen, und ziehen Sie die Schulter so weit wie möglich hoch. Lassen Sie sie nun mit einem entspannten Ausatmen los.

Wichtig ist das regelmäßige Üben: dann zeitigt auch die geringe Investition von zehn Minuten große Wirkung.

- Stellen Sie die Füße schulterbreit, beugen Sie den Oberkörper langsam vorneüber, so dass Ihre Fingerspitzen locker den Boden berühren können. Lassen Sie Kopf und Arme los, und schwingen Sie den Oberkörper leicht hin und her. Dabei stellen Sie sich vor, alles loszulassen, was Sie ärgert oder belastet. Anschließend richten Sie sich in Zeitlupe auf, Wirbel für Wirbel ... Diese Übung mehrmals wiederholen. (Zwei Minuten).
- Stellen Sie sich auf die Zehenspitzen, und strecken Sie Arme und Hände soweit wie möglich senkrecht nach oben. Stellen Sie sich dabei vor, Sie würden sich recken und strecken, um Sterne vom Himmel zu holen. (Eine bis zwei Minuten)
- Diese Übung befreit von negativen Gefühlen: Stellen Sie sich schulterbreit auf, verschränken die Hände, und heben Sie die Arme senkrecht über den Kopf. Lassen Sie jetzt die Arme mit Schwung niedersausen, als ob Sie Holz hacken würden. Stellen Sie sich vor, wie Sie damit negative Gefühle und Aggressionen wegschleudern. Dabei dürfen Sie laut atmen und Töne machen. Die Übung hat eine ungemein befreiende Wirkung! (Zwei bis drei Minuten)
- Sorgen Sie für eine weiche Unterlage (Isomatte oder Teppichboden), und legen Sie sich bequem auf den Rücken, ziehen Sie die Beine an, und umfassen Sie sie mit den Armen. Die Knie abwechselnd fünf Sekunden an den Oberkörper pressen und entspannen (zehnmal wiederholen). Rollen Sie nun den Rücken sanft hin und her, so dass jede Stelle des Rückens einmal Kontakt mit dem Boden hat. Diese Übung hat annähernd den gleichen Effekt wie eine Rückenmassage. (Zwei Minuten)

Die Durchblutung fördern mit Kneipp

Auch der regelmäßige Saunabesuch fördert die Durchblutung.

Die Wassertherapien des Pfarrers Kneipp aktivieren im Stoffwechsel all jene Enzyme und Biostoffe, die das Immunsystem unterstützen. Sie regen den Stoffwechsel an, verbessern die Durchblutung und fördern damit den Kalorienverbrauch. Besonders Kalt- und Wechselanwendungen sind sehr wirkungsvoll, um Körper und Stoffwechsel »aufzuwecken«:

■ Trockenbürsten

Trockenbürsten pflegt die Haut, erfrischt, aktiviert und hilft bei Leistungstiefs. Bürstenmassagen öffnen die Poren und sorgen für eine bessere Durchblutung des Bindegewebes.
So wird's gemacht: Man beginnt am rechten (herzfernen) Bein, wechselt dann zum linken Bein, fährt dann fort über den Bauch, den Rücken, den rechten Arm, den linken Arm bis zum Brustbereich. Die Massage wird immer in Richtung Herz geführt. Beim Bauch wird spiralförmig im Uhrzeigersinn von außen nach innen gebürstet. Zeitdauer: Drei bis fünf Minuten, am besten morgens vor dem Duschen.

■ Wechselduschen

Wechselduschen werden am besten morgens durchgeführt. Duschen Sie einige Minuten heiß, strecken Sie sich dabei und dehnen Sie genüsslich die Muskeln. Stellen Sie nun das Thermostat auf kalt, und duschen Sie den Körper ab, in der gleichen Reihenfolge wie beim Trockenbürsten. Anschließend eincremen. Regelmäßige Saunabesuche haben eine ähnliche Wirkung.

Cremen Sie sich jeden Tag nach der Dusche ein – das hält Ihre Haut geschmeidig.

■ Kalte Wickel für schöne Oberschenkel

Kalte Wickel fördern die Durchblutung, steigern die Stoffwechselrate und unterstützen das Bindegewebe bei der Rückbildung nach einer Gewichtsabnahme. Auch rücken sie der Cellulite zuleibe.
So wird´s gemacht: Zwei Baumwolltücher in kaltes Wasser tauchen, auswringen und um die Oberschenkel wickeln und mit zwei Handtüchern abdecken. Legen Sie sich, in eine Decke gehüllt, für etwa 20 bis 30 Minuten gemütlich hin, bis die Tücher erwärmt sind.

■ Leberwickel zur Entgiftung

Machen Sie während der Vier-Wochen-Ananas-Kur jeden zweiten oder dritten Tag einen feucht-heißen Leberwickel, der die Entgiftung des Körpers zusätzlich unterstützt.
So wird´s gemacht: Ein handtuchgroßes Tuch wird mit heißem Wasser übergossen, ausgewrungen und auf den rechten Ober-

bauch (Lebergegend) gelegt, darüber ein größeres Baumwolltuch und anschließend eine Wärmflasche. Der feuchtheiße Wickel wird etwa eine Stunde belassen, z. B. während der Mittagsruhe oder am Abend im Bett, bis er anfängt, unangenehm auszukühlen.

Die Zeit nach der Kur

Machen Sie sich am Ende der Vier-Wochen-Kur selber ein schönes Geschenk.

Wenn Sie die Vier-Wochen-Ananas-Kur erfolgreich abgeschlossen haben, sollten Sie die dauerhafte Umstellung Ihrer Ernährung angehen. Jetzt ist es vorzuziehen, wenn überhaupt notwendig, nur noch langsam abzunehmen. Ernährungswissenschaftler empfehlen pro Woche etwa ein Kilo. Erfahrungsgemäß kann der Körper diese schonende Gewichtsabnahme sehr gut vertragen. Geben Sie Ihrem Körper die Chance, sich langsam an die Gewichtsveränderung zu gewöhnen. Machen Sie sich dabei ein neues Essverhalten zu eigen: Regelmäßige Mahlzeiten, bewusstes, langsames Essen. Bei leichtem Übergewicht genügt oft bereits eine ballaststoffreiche, fettarme Kost, um das Körpergewicht zu senken. Bei deutlichem Übergewicht ist dagegen eine stärker kalorienreduzierte Kost zu empfehlen.

Wie Sie den Jo-Jo-Effekt vermeiden

Regelmäßig Sport treiben hilft Ihnen zusätzlich, den Jo-Jo-Effekt zu vermeiden.

Jetzt heißt es, nichts zu überstürzen. Ihr Stoffwechsel braucht Zeit, um sich wieder auf ein normales Maß einzupendeln. Steigern Sie daher nach der Vier-Wochen-Ananas-Kur die Kalorienzufuhr langsam und behutsam.

Wenn Sie nach der Kur noch weiter bzw. über einen längeren Zeitraum abnehmen möchten, ist eine Reduktionsdiät mit etwa 1 200 bis 1 500 kcal zu empfehlen. Sie ist optimal, da einerseits kein Hungergefühl auftritt und andererseits die Pfunde langsam, aber stetig dahin schmelzen.

Natürlich können Sie die Rezepte aus dem Buch auch nach Beendigung der Kur weiter anwenden. Vielen bereitet es dann eine gewisse Genugtuung, wenn sie dann ein bisschen mehr von den kalorienreicheren Zutaten verwenden können.

Hände weg von Blitz- und Crash-Diäten

Der Jo-Jo-Effekt, die Gewichtszunahme nach Diäten, ist eine gefürchtete Folge von Blitzdiäten oder Crashdiäten. Während des schnellen Abnehmens schaltet der Körper auf ein »Notprogramm« um, d. h. er benötigt weniger Kalorien als bisher, verwertet sie aber dafür umso besser. Da sich der Organismus an die reduzierte Kost gewöhnt hat und sich entsprechend umgestellt hat, legt er bei Rückkehr zu alten Ernährungsgewohnheiten aus den nun zuviel zugeführten Nahrungsmitteln verstärkt Fettdepots an.

Die Vier-Wochen-Ananas-Kur ist aufgrund der ausgewogenen Ernährung eine gute Möglichkeit, den Organismus wieder auf eine normale Verwertung der Nahrung umzustellen.

■ Der Horror mit der Waage

Unterwerfen Sie sich nicht dem Diktat der Waage! Wiegen Sie sich nur ein- bis maximal zweimal pro Woche! Sie verbessern damit Ihr Körpergefühl. Gewisse Schwankungen des Körpergewichts sind normal. Das ist besonders bei Frauen in der Zeit vor der Periode zu beobachten, in der verstärkt Wasser im Gewebe eingelagert wird.

Nicht die Waage diktiert Ihnen Ihr Gewicht, sondern Ihr eigenes körperliches Wohlbefinden.

Versuchen Sie ein natürliches Körpergefühl, unabhängig von Ihrer Waage, zu entwickeln.

Schlank werden – schlank bleiben

Trinken Sie mindestens zwei Liter täglich und nur ungesüßte Getränke, keine Limonaden! Alkoholische Getränke sind eine echte Kalorienbombe. Sie sollten daher am besten ganz darauf verzichten bzw. den Konsum stark einschränken. Das spart nicht nur viele Kalorien ein, sondern wirkt sich auch positiv auf alle Stoffwechselvorgänge aus.
Viele Diäten scheitern, weil der Kaloriengehalt alkoholischer Getränke (1 g Alkohol = 7 kcal/1 g Fett = 9 kcal) nicht im Programm berücksichtigt wird. Die tägliche Flasche Bier (Alkoholgehalt 5%, ca. 200 kcal) zusätzlich zu den normalen Mahlzeiten kann übers Jahr zu einer Zunahme des Körpergewichts um rund acht Kilogramm führen! Ähnliches gilt für regelmäßigen Weingenuss oder das Verdauungsschnäpschen.
Essen Sie langsam und aufmerksam, kauen Sie gut, jeden Bissen mindestens zehnmal. Nach dem Motto: Gut gekaut ist halb verdaut! Essen Sie nicht nebenbei, etwa beim Fernsehen oder Lesen.
Wenn Sie ein Sättigungsgefühl empfinden, beenden Sie die Mahlzeit – egal wieviel noch auf dem Teller ist. Suchen Sie sich neue Interessen, und gestalten Sie Ihre Freizeit aktiv. Machen Sie sich mit dem ungefähren Fett- und Kaloriengehalt der wichtigsten Lebensmittel vertraut, um die wichtigsten Fallen gefahrlos zu umschiffen.

Betreiben Sie auch nach der Diät Ihren Sport weiter, und bleiben Sie so fit.

Nahrung soll weder als Frustrationsbewältiger missbraucht noch als reiner Energielieferant betrachtet werden: Essen soll vor allem Freude und Genuss bereiten.

Im Hinblick auf Lebenserwartung und Belastung für den Organismus ist ein leichtes und konstantes Übergewicht übrigens günstiger als häufige starke Gewichtsschwankungen.

Essen als sinnliches Erleben

Sie haben es geschafft und die Vier-Wochen-Ananas-Kur erfolgreich durchgeführt. Sicherlich ist es Ihnen in dieser Zeit auch gelungen, Ihr Ernährungsbewusstsein zu schärfen. Lernen Sie, Essen zu genießen, Geschmack, Geruch und Aussehen bewusst wahrzunehmen. Essen ist ja nicht nur Nahrungsaufnahme, sondern steht auch für Geselligkeit, Lebensfreude und Befriedigung.

Durchschnittliche Mengen und Gewichte

Nahrungsmittel	Menge
1 Scheibe Ananas (fingerbreit)	150 g
1 Apfel	150 g
1 Orange	150 g
1 Banane	150g
1 Staude Chicorée	100g
1 mittelgroße Kartoffel	80 g
1 Tomate	50 g
1 Zwiebel	50 g
1 Stange Staudensellerie	50 g
1 Scheibe Vollkornbrot	50 g
1 Brötchen	50 g
1 Scheibe Wurst oder Käse	30 g
1 Becher Joghurt	150 g
1 Teelöffel Öl	4 g
1 Teelöffel Butter	5 g

Hinweis: Die Gewichte beziehen sich auf den essbaren Anteil, d.h. ohne Schale, Kerne, Strunk usw.

Der durchschnittliche Kalorienbedarf

Tätigkeit	Kalorienbedarf
■ Leichte Tätigkeit (Büro):	Mann 2500 kcal/Frau 2100 kcal
■ Mittelschwere Tätigkeit (Krankenschwester, Autoschlosser):	Mann 3000 kcal/Frau 2600 kcal
■ Schwerarbeit (Bauarbeiter):	Mann 3600 kcal/Frau 3500 kcal

Hinweis: Diese Kalorienangaben dienen der Orientierung. Wichtiger als alle Tabellen ist regelmäßiges Wiegen, am besten einmal in der Woche. Wenn Ihr Gewicht stabil im Normalbereich bleibt, liegen Sie mit Ihrer Energieaufnahme richtig.

Individuelle Schwankungen des Energiebedarfs sind groß und der Bedarf an Kalorien unterschiedlich.

Glossar

Aminosäure:	Kleinster Eiweißbaustein
Arteriosklerose:	Gefäßverkalkung
Ballaststoffe:	Nicht verdauliche Kohlenhydrate pflanzlichen Ursprungs, z. B. pflanzliche Faserstoffe und Pektin. Sie regen die Verdauung an, schützen vor Magen-Darm-Erkrankungen und fördern das Sättigungsgefühl
Body-Mass-Index: (BMI)	Methode zur Berechnung des Normalgewichts. Der BMI ergibt sich aus dem Körpergewicht (kg) geteilt durch das Quadrat der Körpergröße (m2). Der normale BMI-Wert liegt bei Frauen je nach Alter etwa zwischen 19 und 25. Beispiel: Eine Frau ist 1,66 m groß und wiegt 60 kg. Danach errechnet sich der BMI so: $\frac{60}{1{,}66 \text{ x } 1{,}66 = 2{,}75} = 21{,}8$
Bromelain:	Enzym der Ananas mit vielen wichtigen Aufgaben: Unterstützung der Eiweiß- und Fettverdauung, Entschlackung und Anregung der Verdauung. In der Medizin wird es bei Entzündungen, Gelenkschmerzen und Verdauungsstörungen eingesetzt.
Cholesterin:	Fettähnliche Substanz, die überwiegend aus tierischen Nahrungsmitteln wie Eiern, Innereien und Butter stammt. Überschüssiges Cholesterin lagert sich im Körper an den Gefäßwänden ab und verschlechtert die Fließeigenschaften des Blutes.
Darmflora:	Nützliche Darmbakterien, die die Verdauung fördern
Diabetes mellitus:	Zuckerkrankheit
Enzyme:	Hochwirksame natürliche Eiweißsubstanzen, die alle Stoffwechselvorgänge im Körper unterstützen und beschleunigen
Freie Radikale:	Chemisch stark reagierende Spaltprodukte, die im Körper selbst oder durch Einwirkung von außen (Sonnenstrahlen, Smog, Rauchen, Umweltgifte) entstehen. Sie sind äußerst aggressiv, greifen die Körperzellen an und können sogar den Zellkern schädigen.
Glukose:	Traubenzucker, kleinster Baustein der Kohlenhydrate, Rohstoff für die Energiegewinnung
Glykogen:	Speicherform des Traubenzuckers (Glukose) im Körper
Jo-Jo-Effekt:	Gefürchtete Gewichtszunahme nach Diäten, besonders nach Blitz- und Crashdiäten
Ödeme:	Wassereinlagerungen im Bindegewebe

Osteoporose: Knochenschwund, unter dem besonders Frauen nach der Menopause leiden

pH-Wert: Maßzahl für die Säurekonzentration einer Flüssigkeit; die Skala reicht von 0 bis 14 (unter 7 = sauer, 7 = neutral, über 7 = basisch)

Pankreas: Bauchspeicheldrüse

Probiotika: Lebende Milchsäurebakterien. Sie sind in Jogurt und anderen Milchprodukten enthalten und wirken sich positiv auf die Zusammensetzung der Darmflora aus.

Proteasen: Eiweißspaltende Enzyme, z. B. Bromelain

Soja: Quarkähnliche Masse, die aus Sojabohnen gewonnen wird. Pflanzliche Alternative zu Fleisch und Wurst

Spurenelemente: Der Körper benötigt von diesen Stoffen nur winzige Mengen. Fehlt ihm allerdings ein Spurenelement, kann dies schwerwiegende Folgen haben. Beispiele für wichtige Spurenelemente sind Selen, Kupfer, Eisen lund Zink

Trester: Nach dem Auspressen von Früchten verbleibender Rest aus Fruchtschale und Pflanzenfaserstoffen

Tryptophan: Aminosäure, die in der Ananas enthalten ist, mit beruhigendem und entspannenden Effekt

Vitamine: Lebensnotwendige Wirkstoffe, die für den Aufbau von Körperzellen und für das reibungslose Funktionieren von Stoffwechselprozessen unentbehrlich sind. Da der Körper die meisten Vitamine selbst nicht produzieren kann, ist er auf die regelmäßige Zufuhr über die Nahrung angewiesen.

Abkürzungen

cm = Zentimeter
F. i. Tr. = Fett in der Trockenmasse
g = Gramm
kcal = Kilokalorie (= 4,184 KJ)
kJ = Kilojoule
kg = Kilogramm
l = Liter (1 l = 1000 ml, 1/2 l = 500 ml, 1/4 l = 250 ml, 1/8 l = 125 ml)
ml = Milliliter (1 ml = 0,001 Liter)
Msp. = Messerspitze
TL = Teelöffel
EL = Esslöffel

Über dieses Buch

Weltbild Buchverlag

Redaktion: Anton Feldner • Nele Haasen
Bildredaktion: Miriam Zöller • Michael Brandstätter
Umschlag: Stefan Weber • Nürnberg
Layout: Werner Fischer • München
DTP/Satz: satz & repro Grieb • München
Druck und Bindung: Offizin Andersen Nexö, Leipzig
Reproduktion: Repro Ludwig, Zell am See

Gedruckt auf chlorfrei gebleichtem Papier

Printed in Germany

ISBN 3-89604-729-9

Die Autorin des Buches
Marlene Peters arbeitet als Naturheilkundlerin in ihrer eigenen Praxis. Als Fachautorin im medizinischen Bereich hat sie bereits einige Ratgeber und Fachbücher veröffentlicht. Beim vorliegenden Buch konnte sie die Erfahrungen, die sie in ihren beiden Arbeitsbereichen gemacht hat, in idealer Weise zusammenführen.

Haftungsausschluss
Die Inhalte dieses Buches sind sorgfältig recherchiert und erarbeitet worden. Dennoch kann weder der Autor/die Autorin noch der Verlag für die Angaben in diesem Buch eine Haftung übernehmen.

Die Deutsche Bibliothek – CIP Einheitsaufnahme

Marlene Peters:
Die Vier-Wochen-Ananas-Kur. Genussvoll abnehmen, entschlacken und entgiften./Marlene Peters. –
Augsburg: Weltbild, 1998
ISBN 3-89604-729-9

Bildnachweis
FOOD Archiv, München: 2, 4, 6u., 8, 10, 11, 15, 50, 60, 63, 65, 67, 72, 76, 83, 86, 88, 91, 92, 93, 101, 102, 104, 105; Foto Traudel Bühler, Augsburg: 6o., 106, 107; MEV Verlag GmbH, Augsburg: 96, 99, 103, 104; Picture Press/Gruner u. Jahr Fotoservice: 53 (Ruhde); PhotoPress Bildagentur GmbH, Stockdorf/München: 39 (Dr. Brucker); Studio für Illustration und Fotografie Sascha Wuillemet, München: 22, 49, 114, 115; ZEFA Zentrale Farbbildagentur GmbH, Frankfurt: 5 (Rosenfeld), 7 (Fey), 16 (K. u. H. Benser), 20 (The missing picture), 24 (Fey), 31 (Wartenberg), 32 (Jämsen), 37 (Santos), 42 (The missing picture), 52 (G. Baden), 55 (Rosenfeld), 62 (Waterfall), 121;

Titelbild und U4: Manfred Dilling, Eurasburg; Einklinker U1: Mauritius-Bildagentur, Mittenwald (Phototeque SDP);

Literatur
Angerstein, Joachim H./Köhler, Peter: Schlank nach Wunsch mit Apfelessig. Midena. Augsburg 1997
Glenk, Wilhelm/Neu, Sven: Enzyme. Heyne. München 1990
Kalorien mundgerecht. Umschau-Buchverlag. Frankfurt 1996
Hinrichs, Erich: Ananas, Die königliche Frucht. Edition Braus. Heidelberg 1996
Lohmann, Maria: Heilende Drinks. Midena. Augsburg 1998
Von Koerber, Karl/Männle, Thomas/Leitzmann, Claus: Vollwert-Ernährung. Haug. Heidelberg 1994

Stichwortverzeichnis